대한민국 대통령들의
한국경제 이야기 1

이승만 대통령부터 전두환 대통령까지 산업화 40년

차례 Contents

40년 인플레를 잡다, 전두환 시대

들어가며

경제는 어렵고 골치 아프다고 생각하는 사람들이 많다. 만약 한국경제를 통계나 이론적 분석은 피하고 사람 중심의 옛날이야기처럼 풀어나간다면 훨씬 쉽고 재미있게 받아들여졌을 것이다. 그러나 실제로 한국경제의 발전 과정은 그 자체가 어떤 이야기보다 드라마틱하고 흥미진진하다.

이 책은 필자가 쓴 『대통령의 경제학』을 쉽게 풀어서 재구성했으며, 전문 지식이나 경제용어를 몰라도 술술 읽어 나갈 수 있도록 했다. 해방 이후의 현대 한국경제사를 리더십 관점에서 살펴본 것이기도 하다.

편의상 초대 대통령 이승만부터 박정희, 전두환까지의

40년을 산업화 시대로, 노태우부터 김영삼, 김대중, 노무현, 이명박까지의 25년을 민주화 시대로 나눴다. '대통령의 한국경제 이야기'를 하다 보면 한국경제의 발전 과정은 저절로 이해될 것이다. 주인공은 역대 대통령들이고, 이들의 정책과 리더십이 한국경제를 어떻게 꾸려나갔는지에 초점을 맞춰 이야기를 풀었다.

돌이켜 보면 건국 당시의 한국경제는 국제적으로 천덕꾸러기였다. 워낙 가난했을 뿐 아니라, 실제로 아슬아슬한 붕괴 위기가 한두 번이 아니었다. 전문가들 말대로라면 한국경제는 이미 망해도 여러 차례 망해야 했다. 선진국이나 국제기구의 충고를 무시하고 한국식을 고집한 경우도 많았다.

그럼에도 오늘의 한국경제는 세계적인 성공 사례로 꼽힌다. 경제발전은 물론 정치 민주화까지 이뤄낸 점이 더 주목을 끌었다. 이런 한국경제가 개발도상국들에는 교과서로 통한다. 최근의 경제위기를 맞아 내로라던 강대국들도 한국 경험을 벤치마킹하는 데 서슴지 않는다. 과연 한국경제의 성장 비결은 무엇일까?

우리는 막상 우리를 잘 모른다. 대학의 경제학과에서도 미국에서 유행하는 이론을 가르치기만 할 뿐, 제 나라 경제가 무슨 고초를 겪고 어떻게 발전해 왔는지는 관심 밖이다. 경제학을 전공하나 영문학을 공부하나 한국경제를 잘 모르기는 별 차이가 없다.

한국경제는 '사람'을 빼고는 제대로 설명할 수 없다. 원래 경제는 사람이 핵심이다. 더욱이 한국은 자원도 돈도 없이 오로지 사람만을 유일한 밑천으로 삼아 오늘의 경제를 일궈 냈다. 특히 역대 대통령의 리더십을 거론하지 않고서는 건국 이후 한국경제의 발전과정을 논하기 어렵다. 대통령의 경제 치적을 시대별로 살펴보는 것만으로도 한국경제를 이해하 는 데 큰 도움이 될 것이다.

물론 흠 없는 대통령은 없었다. 말로(末路)만 보면 모두 실 패한 대통령들이었다. 장기집권으로 외국에 쫓겨나는 대통 령부터 시작해, 최측근에게 암살당한 대통령, 비자금 축재 로 감옥에 간 대통령, 자식들의 비리로 망신당한 대통령, 심 지어 검찰 조사 중에 자살한 대통령까지 나왔다. 역대 대통 령들은 하나같이 뒤끝이 좋지 않았던 셈이다. 세계사에 이런 경우도 드물 것이다.

그러나 잘못에 대한 비판과는 별개로, 경제 발전과정에서 발휘한 역대 대통령의 역할과 리더십은 그것대로 냉정하게 평가돼야 한다. 이승만은 공산화를 막아내며 자본주의 경제 의 기틀을 다진 건국 대통령이었으며, 박정희는 오늘의 한국 경제를 있게 한 한국판 산업혁명을 주도했고, 전두환은 40년 동안 겪었던 고질적인 인플레이션을 잡았다. 노태우는 민주화를 감당해내는 가운데 북방 정책의 길을 텄고, 김영삼은 금융실명제 같은 어려운 개혁조치를 단행했으며, 김대중은 외환위기를 조기에 극복하고 복지 정책을 본격화한 대통령이었다. 노무현은 돈 선거를 청산하고 사회통합이라는 새로운 시대정신을 제시했으며, 이명박은 잇따라 터진 미국발 금융위기와 유럽의 재정위기 등을 무난히 넘겼다. 구체적인 잘잘못을 떠나, 역대 대통령들이 각자의 시대에 저마다 역할을 해 왔던 셈이다.

그러나 경제를 사람 중심으로 살피는 것에도 위험부담이 따른다. 박정희 경제를 일방적으로 미화한다든지, 노무현 경제 중 잘한 정책만 골라서 칭송하는 것 등은 모두 경계해야 한다. 그러자면 어느 한 쪽에 치우치지 않고 철저하게 사실(fact)에 근거해야 한다.

앞뒤 사정이나 정치 환경 또한 중요한 요인이다. 전임자 재임 시절에는 비판받던 정책이 후임자 대에 와서 시차를 두고 효과가 나타나는 경우도 허다했으며, 정치 환경에 따라 정책이 죽었다 살았다 하는 일도 무수했다. 이러한 사실 관계를 정확하게 파악해야 한국경제를 제대로 이해할 수 있다.

세상이 변하면서 대통령의 권한이나 리더십도 당연히 바뀌게 마련이다. 경제도 많이 변했지만 정치 환경 또한 엄청나게 달라졌다. 국회가 허수아비였을 때 대통령 권한은 무소

불위(無所不爲)였지만, 지금은 국회 동의 없이 되는 것은 하나도 없다. 대통령의 힘은 크게 약해졌다. 결국 대통령의 리더십 또한 정치 환경에 따라 달라질 수밖에 없으며, 한국경제 자체가 경제논리의 한계를 뛰어넘어 정치적으로 결판나는 경우가 부쩍 늘었다.

앞으로 한국경제를 끌어갈 대통령 리더십은 과연 어떤 모습으로 진화해 나갈 것인가. 이에 대한 해답을 찾는 노력은 결국 지금까지의 한국경제발전 과정을 제대로 이해하는 작업으로부터 시작돼야 할 것이다.

자본주의를 시작하다, 미군정 시대

우리는 얼마나 가난한 나라였는가?

세계에서 가장 잘 사는 나라로 알려진 스위스가 과거 유럽에서 가장 가난했던 나라였다는 사실을 아는 사람은 그리 많지 않다. 영국이나 독일 등이 산업혁명으로 한창 잘 살 때 스위스는 남의 나라 전쟁에 용병으로 피를 팔면서 끼니를 이어갔던 나라였다. 그랬던 스위스가 뒤늦게 분발해서 지금은 세계 1등 부자 나라가 된 것이다.

한국경제의 발전 과정을 이런 스위스에 견주는 사람들도 있다. 일본의 식민지 통치에서 해방되었을 때 한국은 그야말로 세계에서 가장 가난한 나라였지만, 급속한 발전을 이룩해 지금은 선진국 대열에 들어섰기 때문이다. 과연 우리는 얼마나 가난한 나라였을까?

대한민국이 세워진 것은 1948년이지만, 한국경제의 발전 과정을 제대로 이해하기 위해서는 미군정 시대로 거슬러 올라가야 한다. 1945년에 일본 식민지 통치로부터 해방되어 잃어버린 나라를 되찾기는 했으나 곧바로 미국 군대의 통치를 받아야 했고, 우여곡절 끝에 3년 뒤에나 대한민국 정부가 수립되었기 때문이다.

해방이 되었음에도 불구하고 스스로 정부를 세우지 못하고 남의 나라 통치를 3년이나 더 받아야 했다는 점은 매우 안타까운 일이었다. 그러나 한국경제가 훗날 북한과는 궤도를 달리하면서 지금의 경제적 성공을 이룩하는 데 미군정 3년간은 매우 중요한 시기였다.

해방 당시 한국인들의 경제수준은 비참했다. 정확한 통계가 있지도 않았지만, 지금 식의 1인당 국민소득으로 따져서 대충 60~70달러 정도에 불과했던 것으로 추정된다. 아프리카까지 포함해서 세계에서 가장 가난한 나라 중 하나였다.

해방이 되었지만 경제는 더 어려웠다. 일본이 만들어 놓은 36년간의 경제구조가 하루아침에 무너지면서 모든 것이 마비되고 혼란 속에 빠져들었기 때문이다. 일본에 대한 증오는 증오이고, 일본인들이 빠져나가자마자 그들이 중심이 되어서 움직이던 경제가 하루아침에 엉망이 된 것이다.

당시 한반도에 살던 일본인 숫자는 70만 명 안팎이었는데, 일본이 항복을 선언하면서 이들은 애써 내쫓지 않아도 서둘러 도망치듯 일본으로 돌아갔다. 이는 지극히 당연한 일이었으나 좋아하기만 할만 일은 아니었다. 공장들이 멈춰 섰고 심각한 물자 부족 사태가 벌어졌다. 해방 당시 주요산업 시설의 94%가 일본인 소유였고, 조선인들이 경영하던 소위 민족기업은 불과 6%에 불과한 실정이 그럴 수밖에 없었다.

전체 공장의 절반가량은 아예 문을 닫았고, 기계가 있어도 가동을 할 수 없었다. 이런 형편에 북한이 전기 공급마저 중단하는 바람에 남한 전체는 암흑천지였다. 더욱이 패전 위기에 몰린 일본이 제2차 세계대전 막판에 마구 돈을 찍어대는 바람에 물자부족 현상은 극심한데 돈은 잔뜩 많이 풀려있는 상태였다.

이후 미군이 들어 왔다. 미군정 또한 물자부족 속에 필요한 돈을 통화 증발에 의존하는 가운데 해방 이후 3년 동안 물가는 30배 이상 올랐다. 이에 더해 인구도 급속히 늘었다. 조선은행 통계연보에 따르면, 남한 인구는 1944년의 1,656만 명에서 1946년에는 1,937만 명으로 불과 2년 사이에 280여만 명이 증가했다.

남한은 인구가 폭발적으로 증가하자 당장 굶주림을 해결해야 할 식량과 기초생필품이 문제였고, 더더욱 미국 원조에 기댈 수밖에 없었다. 양곡의 절반을 미국의 원조 식량에 의존했고, 기초생필품도 전적으로 미국 구호물자로 충당해야 했다. 이런 가난한 나라 남한에 대해 미국 정부는 '거의 희망이 없는 나라'로 분류하고 있었다.

남한은 도대체 얼마나 못 살았을까? 1941년은 일제 강점기 중 가장 경제가 좋았던 때였는데, 1인당 국민소득 기준으로 따져서 당시 수준으로 회복된 것은 26년이 지난 1968년이었다고 한다(『한국경제통사』, 이헌창). 미국의 막대한 원조 속에 나라가 세워졌으나 얼마 안 있어서 터진 6·25전쟁(1950년) 통에 다시 쑥대밭이 되었고, 박정희 시대가 시작되고 나서도 한참을 지나서야 겨우 일제 강점기 수준으로 회복되었다는 말이다.

앞서가는 북한

그렇다면 북한 경제는 어떠했을까? 원래 일본은 식민통치하면서 남한을 농업 위주로, 북한을 공업 위주로 경제 정책의 판을 짰었다. 석탄을 비롯해 지하자원이 북한에 많이 있었기 때문에 압록강의 수풍발전소나 흥남의 비료 공장 등 큰 산업시설들은 대부분 북쪽에 쏠려 있었다. 이 바람에 남한의 전기생산량은 북한의 1/10도 되지 못했다. 요컨대 북한이 남한보다 공업화에서 훨씬 우위에 있었다.

경제 환경뿐 아니라 정치사회 여건도 북한이 남한보다 앞섰다. 미국과 소련의 군대가 한반도를 남북으로 나눠서 점령했으나 양쪽의 사정은 많이 달랐다. 남한은 미군의 비교적 느슨한 통치 아래 정당이 난립하고 좌우로 갈라져 정치적 혼란이 극심했던 반면, 북한은 소련군의 치밀한 지시 아래 김일성을 중심으로 일사불란하게 공산정권을 구축해 나갔다. 많은 부문에서 북한은 남한을 앞서 나갔다. 1946년 2월, '북조선인민위원회'를 구성해 사실상의 정부가 만들어졌고, 제대로 된 군대를 창설했으며, 소련한테서 들여 온 탱크로 탱크부대까지 만들었다.

경제운영도 북한이 한 수 위였다. 남한은 거주 일본인을 다 쫓아냈지만, 북한은 일본인 기술자 900여 명을 강제로 붙잡아 놓고 계속 일을 시켰다. 그들이 없으면 비료 공장, 철강 공장 등 주요 산업 시설이 당장 멈추게 된다고 판단했기 때문이다.

제도 개혁 또한 과감하게 추진해 나갔다. 토지개혁을 실시했고 대부분의 산업시설을 국유화시켰다. 그리고 땅뿐 아니라 가축까지도 소작인들에게 무상으로 나눠 줬다. 1947년

말에는 화폐개혁을 단행했고, 1949년에는 통일을 전제로 한 남한의 토지개혁계획까지 수립했다. 실제로 이듬해 6·25전쟁을 일으켰을 때 점령지역을 대상으로 이때 준비했던 토지개혁을 실천에 옮기기도 했었다.

북한이 신속한 체제 구축을 통해 일찌감치 사회적·경제적 안정을 이뤄나갔던 반면, 남한은 극도로 혼란스러웠다. 무엇보다 이념 대립이 심각했다. 북한에서는 시비의 여지없이 사회주주의 체제 구축이 처음부터 정해진 노선이었던 반면, 남한은 수많은 정당이 자유롭게 생겨나면서 이념적으로 좌파와 우파로 갈라져 치열하게 대립했다.

해방이 되고 나서 제대로 된 나라를 세우기까지의 혼란은 상상을 초월하는 것이었다. 일본의 식민지에서 벗어나 나라를 찾았다고 모두가 환호했으나 정작 나라 경제는 말이 아니었고, 북한은 남한을 한동안 압도해 나갔다.

미군의 통치, 자본주의 배를 타다

우리의 힘과 노력으로 일본 식민지 통치에서 해방됐다면 떳떳하고 당당했을 것이다. 그렇지 못했기에 북한에는 소련 군대가, 남한에는 미국 군대가 들어섰다. 바로 이것이 장차 남북한의 운명을 달리하게 되는 두 갈래 역사의 시발점이었다. 북한은 소련이 주도하는 사회주의라는 배에, 남한은 미국이 주도하는 자본주의라는 배를 탄 것이다.

남한을 다스리는 미군정청도 초기에는 혼란 속에서 시행착오가 많았다. 그러나 시간이 지나면서 통치노선을 분명히 했다. 북한과 뚜렷이 대비되는 점은 사유재산권이 보장되는 시장경제를 만들어 나간다는 점이었다. 공산화 세력에 단호하게 대처하고 자본주의 체제를 만들어 나가겠다는 것이었다.

당시 한국과 한국인에 대해 미국은 어떤 생각을 했을까? 자존심 상하는 일이지만 미국뿐 아니라 세계 강국들은 '코리아'의 장래나 잠재력에 대해 결코 밝게 보지 않았다. 한마디로 말해 스스로의 힘으로 나라를 세우고 끌어갈 자립 능력이 없다고 봤다. 미국과 소련, 두 나라가 자기네끼리 모여서 신탁통치를 합의했던 것이 바로 그 증거다.

대한민국이 건국하는 과정은 외부의 도움, 즉 미국의 개입이 결정적 역할을 했음을 부인할 수 없다. 식민지 지배에서 해방되긴 했어도 당시 조선 사람에게는 나라를 독자적으로 운영할 자금과 제도가 없었다. 세금 걷는 제도부터 시작해 예산을 짜는 기술에 이르기까지 거의 모든 국정이 미국의 지시와 감독으로 진행됐고, 필요한 돈도 미국의 원조로 충당해야 했다.

영향력의 원천은 돈이었다. 당시에는 국민이 내는 세금이라는 개념조차 제대로 없었다. 1946년에 세금으로 걷은 돈은 나라 예산의 5~6%에 불과했다. 미군정 3년간의 무상원조(점령군 구제기금: GARIOA)가 무려 5억 2,000만 달러에 달했다. 나라의 금고가 비었으니 필요한 자금은 원조 받는 돈과 중앙은행에서 종이돈을 찍어내는 것으로 충당해야 했다.

미군정청은 돈줄을 쥐고 있을 뿐만 아니라, 경제 제도를 만들어 나가는 데도 주도권을 행사했다. 예컨대 쌀을 자유롭게 시장에서 사고팔 수 있는 '미곡거래시장'을 개설했다. 정부가 일정한 값으로 배급해 주던 쌀을 시장기능에 맡겨 거래토록 하겠다는 취지였다. 생활필수품 거래도 그렇게 했다. 그러나 실정을 감안하지 않은 시도는 매점매석으로 이어졌고, 결국 한 달을 견디지 못하고 다시 배급체제로 되돌아갔다. 이러한 시도는 비록 실패했으나 당시로써는 매우 파격적인 것이었다.

남한 내의 극렬한 좌우 갈등 수습이 최대 골칫거리였던 미군정청은 경제보다는 정치적 혼란을 수습하는 일에 더 신경을 썼다. 미국 정부의 초기 입장은 남북한이 적당히 타협해서 단일 정부를 세우도록 하는 것이었다. 그러나 얼마 안 가서 좌익 척결로 입장을 바꾸고 남로당 조직을 비롯한 남한 내의 공산화 세력을 강력히 단속해 나갔다. 미군정청이 이처럼 남한 내 공산화 시도를 철저히 봉쇄했던 것이 남한으로 하여금 사유재산권을 보장하는 시장경제 체제를 구축해 나가는 데 결정적인 역할을 했던 것이다.

몰수한 일본 재산으로 시작한 기업 역사

해방 당시의 기업 활동은 어떠했을까? 일본이 패망하자 기업 활동이 즉각 마비되었다. 사람과 기술, 그리고 경영 자체가 하루아침에 없어져 버렸으니 경제는 마비될 수밖에 없었다. 은행도 일본인들이 철수하면서 예금을 빼가는 바람에 쑥대밭이 됐다. 특히 남북이 갈라지는 바람에 기업 활동은 더욱 위축됐다.

미국 점령군은 임시 정부 노릇을 하면서 새로운 판을 짜기 시작했다. 돈벌이 기회가 새롭게 만들어졌던 것이다. 대표적인 두 가지 돈벌이는 '적산기업 인수'와 '구호물자 사업'이었다. 으뜸가는 사업은 일본인으로부터 몰수한 재산, 이른바 적산(敵産) 재산을 재주껏 손에 넣는 것이었다. 일본인 소유의 농지가 전체 남한 농지의 11% 정도 됐는데, 미군정청이 나서서 소작 농민을 중심으로 새롭게 땅 주인을 만들어 줬다. 일본인이 살던 집은 적산 관리위원회를 구성해서 경매 처분을 통해 큰 말썽 없이 매듭을 지었다.

그러나 문제는 기업이었다. 일본인이 경영하던 적산기업

수는 크고 작은 것을 합쳐서 2,700여 개에 달했는데, 수많은 사람이 이것들을 차지하려고 미군정청을 상대로 수단과 방법을 가리지 않고 치열한 로비를 벌였다. 철수한 일본인 기업주와 내통해서 사실상 주인 행세를 하는 경우도 적지 않았다.

반면, 북한에서는 소련 고문단의 코치 아래 모든 기업의 국유화 조치가 일찌감치 취해졌고, 남한에서도 주요 산업의 국유화를 주장하는 목소리가 높았다. 그러나 미군정청의 기본 입장은 국유화 반대였다. 자본주의 경제에서 기업은 민간이 중심이 되어야 한다는 것이다. 결국 미군정청은 기업 활동의 활성화라는 명분을 내세워 적산기업의 일부만 민간에게 넘기고, 대부분의 주요 기업들은 중간관리인만 지정한 채 의도적으로 시간을 끌었다. 골치 아픈 적산기업 처리를 자기들이 처리하지 않고 새로 수립되는 한국 정부에 넘기기로 한 것이다. 아무튼 미군정청이 적산기업의 처리 원칙을 국유화가 아닌 민영화로 정한 것이 남한 기업 역사의 시작이었던 셈이다.

적산 기업 못지않은 또 다른 돈벌이는 미국이 주는 원조 물자, 구호물자를 확보하는 일이었다. 밀가루·의류·의약품 등 생필품이 중심이었고, 기름·석탄·비료·면화 등 원료도 대상이었다. 미군정청은 본국에서 보내오는 구호물자를 제대로 나눠주는 것이 큰 과제였다. 그러나 무정부시대나 다름없는 해방 직후의 혼란과 부패 속에 구호물자들이 필요한 곳에 제대로 돌아갈 리 만무했다. 상당 부분이 암시장으로 흘러들어 갔고, 이것을 통해 막대한 돈을 번 사람을 '구호물자 벼락부자'라고 했다.

미국은 여러 시도 끝에 구호물자를 교회 같은 종교단체를 통해 배급하기도 했는데, 이즈음에 교회가 급격히 난립했던 배경에는 이처럼 무상으로 배급되는 구호물자 탓도 있었다.

또 다른 굵직한 사업은 일본으로부터의 밀수였다. 당시 일본을 통치했던 맥아더 사령부는 일본의 무역 행위 자체를 금지시켰으나 사실상 단속이 불가능했다. 일본 상인들은 부족한 쌀을 한국으로부터 밀수입했고, 한국 쪽에서는 부산항을 통해 일제 화장품, 의약품, 기계부품 등을 물물교환으로 들여왔다.

일본과의 밀무역에 이어 다롄(大連), 칭다오(靑島) 등 중국과의 무역도 성행했다. 1947년 3월쯤부터는 마카오를 통한 중계무역이, 그리고 뒤이어 홍콩과의 무역이 본격화되기 시작했다. 우리는 적산기업들이 생산했던 텅스텐·망간 등을 수출했고, 그 돈으로 페니실린·사카린·시계·생고무 등을 수입했다. 이처럼 무역이 돈벌이의 주축으로 활기를 띠자, 해방 이전부터 무역업을 했던 화신무역의 박흥식이 선두에 나섰고 다른 조선인 기업들도 뒤따랐다. 대구에서 양조장을 하던 이병철도 1948년 서울에 삼성물산공사를 설립하고 무역업에 뛰어들었다.

남북이 갈라진 다음에도 양쪽 간의 교역은 한동안 계속되어 북한은 비료·수산물 등을, 남한은 쌀·면사 등을 물물 교환했다. 1948년 6월에는 화신무역이 면사·생고무 등을 배에 싣고 북한의 원산항을 거쳐 흥남 질소 공장의 비료를 싣고 올 예정이었으나 배는 끝내 돌아오지 않기도 했다.

일제 강점기에는 조선인이 경영하는 기업다운 기업을 찾아보기 힘들었다. 자본과 기술 등 기업이 갖춰야 할 것들은 일본인이 장악하고 있었다. 비율로 보면 조선인이 소유한 기업은 전체 기업 중 1/10 정도였다. 그나마도 쌀을 빻는 정미소나 술 담그는 양조장이 고작이었다. 그런 가운데 호남의 대표적인 지주였던 김연수가 1919년에 경성방직을 설립해 만주시장까지 진출했고, '조선의 유통왕'으로 불렸던 박흥식이 인쇄업과 종이장사로 시작해 1931년에 화신백화점을 차려 주목받았다.

건국 대통령, 이승만 시대

돈 없는 정부

1948년 8월 15일, 해방된 지 꼭 3년 만에 정부가 탄생했다. 미군정 시대 3년을 거쳐 비로소 초대 대통령 이승만이 이끄는 대한민국 정부가 들어선 것이다. 걸음마도 제대로 할 수 없었던 정부는 과연 무슨 정책으로 한국경제를 살려 내고자 했을까? 대통령 이승만의 경제관은 어떠했을까? 이 같은 의문을 풀기 위해서는 우선 당시의 경제 수준이나 정부의 행정 능력이 얼마나 낙후되었는지 살펴봐야 한다.

당시는 워낙 헐벗고 굶주림이 심했기에 지금의 기준으로

따지는 것은 무리다. 1인당 국민소득이 얼마였는가, 어떤 정책을 폈는가. 경제성장률이 몇 %였는가 등을 정확히 계산해내는 것은 불가능했고 의미도 없는 일이었다. 심지어 춘궁기에는 굶어 죽는 사람도 있었다. 이승만 시대 12년 동안 그런 상황이 내내 지속되었다고 해도 과언이 아니다. 해방 이후의 혼란에 이어 건국한 지 2년도 안 돼서 6·25전쟁이 터졌고, 3년여의 전쟁 통에 경제가 폐허가 됐으니 무엇 하나 제대로 측정할 수도 없는 형편이었던 셈이다.

정부가 수립되었건만 살림을 꾸려나갈 돈이 없었다. 돈이 없는 정부가 정상적인 행정을 펴 나갈 수 없는 건 불 보듯 뻔한 일이었다. 정부 관료는 해외출장 발령이 났는데도 출장비가 제때 나오지 않아 개인 돈을 써야 했다. 국무총리실 직속 기획처 소속 이선희 사무관은 주요 계획 수립을 위해 대통령의 결재까지 받아 일본 출장 명령을 받았지만, 출장 전날까지 출장비가 나오지 않았다. 결국 그는 아내의 결혼반지와 시계를 팔아서 출장비 500달러를 마련해야 했다. 그처럼 가난한 정부였다.

전쟁도 돈이 있어야 했다. 6·25전쟁 당시, 북한군과 전투 중이던 일선 부대장은 보급 물자가 떨어지자 한국은행 대구지점으로 달려가서 창구 직원에게 소총을 들이대고 돈을 내놓으라고 협박하는 사태도 벌어졌다. 군 지휘관이 군자금 마련을 위해 은행 강도로 돌변한 것이다. 한마디로 대한민국에 정부가 수립되었다고는 하지만, 꼴이 말이 아니었다.

제대로 된 산업이 없고 경제가 엉망이니 세금 걷을 곳이 없었고, 세금을 못 걷으니 정부는 제 구실을 할 수가 없었다. 재정능력이 없는 신생 정부가 할 수 있는 정책은 돈을 찍어내는 것뿐이었다. 가뜩이나 해방 전부터 돈이 많이 풀려 있었고 물자는 부족한데, 정부가 돈을 마구 찍어내니 악성 인플레이션이 거듭되는 것은 당연했다.

이런 상황의 유일한 활로는 미국 원조였다. 미군정 시대가 끝나고 정부가 수립되었지만, 여전히 미국 원조에 절대적으로 의존할 수밖에 없었다. 어떻게 해서라도 원조를 많이 받아내야 부족한 물자난을 해소하고 민심을 토닥일 수 있었다.

달러 못지않게 절실한 것은 나라를 운영하는 노하우였다. 정부의 예산회계제도는 어떻게 만들고 운용해야 하는지, 금융통화 정책은 어떻게 꾸려가야 하는지 등 기본부터 익혀야 할 일들이 하나 둘이 아니었다. 어떤 것은 일본 규정을 그대로 베꼈고, 어떤 것은 미국 자문관이 시키는 대로 뜻도 제대로 모르는 채 따라 해야 했다.

6·25전쟁이 끝난 이듬해인 1954년, 정부는 IMF(국제통화기금)에 가입하게 되는데 정부 안에 IMF가 무엇을 하는 곳인지를 제대로 아는 사람도 없었다.

수입대체산업에 앞장선 이승만

미국은 돈줄을 쥐고 있을 뿐 아니라, 한국경제의 진로를 정해 주고 정책을 어떻게 세우는지 일일이 가르쳤다. 당시 한국 정부는 미국 정부가 파견한 자문관, 또는 대외원조처(USOM) 같은 원조기관의 경제전문가들의 영향력이 컸다. 매년 경제 정책을 세울 때나 원조받은 자금을 쓰는 것도 이들의 조언에 따라야 했다. 1952년에 만들어진 '한미합동경제위원회'에서 주요 경제 정책들을 결정했다. 정부 행정이 어느 정도 자리를 잡아가자 1957년부터는 매년 '재정안정계획'을 의무적으로 만들어야 했는데, 이것을 만들 때도 내용 하나하나를 일일이 미국 측과 협의해서 허락을 받았다. 재정안정계획은 원조자금을 어떻게 쓸 것인지, 돈을 얼마나 찍을 것인지, 예산을 어떻게 사용할 것인지 등을 담은 종합 계획서로 미국 정부가 한국 정부에 요구한 정책 지침서였으며, 한국의 경제 관료들에게는 자본주의 국가 경영의 필수 매뉴얼이었다.

한국 정부가 이처럼 매사를 미국과 상의해야 했던 까닭은 정부예산의 절반을 미국이 주는 원조에 의존했기 때문이다. 따라서 정부 예산을 편성하는 일도 미국에서 나오는 원조 규모(대충자금; Counterpart Fund)가 정해진 다음에야 가능했던 것이다.

그렇다면 대한민국의 신생 정부는 미국이 시키는 대로만 경제를 꾸려갔을까? 그렇지 않았다. 비록 남의 나라 원조에 의존하는 처지였음에도 한국 정부는 독자적인 목소리를 키워나갔다. 대통령 이승만 대통령이 그 일에 앞장섰다. 1957년 6월, 이승만은 신임 재무부 장관 송인상에게 이렇게 지시했다.

"미스터 송, 경제에 관한 모든 것은 자네에게 맡기겠네. 다만 몇 가지 권한은 유보해야겠네. 첫째는 환율일세. 자네도 알겠지만, 미국 친구들은 심심하면 환율을 올리자고 해. 그러니 나와 사전 상의 없이 그들과 환율을 결정하면 안 되네. 지금 공정 환율이 1달러에 500원인데 더 올려야 한다고 하고 있거든.

둘째는 일본인들과의 관계야. 일본에서 물건을 사오거나 경제에 관한 일을 할 때는 미리 나에게 알려줘야 해. 미국 친구들은 원조를 해주니 그 돈으로 일본에서 물건을 사오라는 거야. 비료도 그렇고, 시멘트도 그렇고, 심지어 집 짓는 일까지 그들에게 설계를 주고 있단 말이야.

셋째는 외국 정부나 외국인과 무슨 약속을 하거나 원조자금의 사용 내용을 결정할 때는 꼭 나에게 먼저 물어봐야 하네. 지금도 외국어 계약서를 제대로 검토하지 않고 사인하는 바람에 나중에 일을 그르치는 경우가 많아. 그러니 앞으로 특히 조심해야 해. 이 세

가지를 제외하고는 자네에게 모두 맡길 것이니 책임지고 잘해 봐."

이승만은 신임 재무부 장관에게 큰 재량권을 주는 것처럼 말했으나 실제로는 주요 사항은 대부분 대통령인 자신이 직접 챙기겠다는 뜻이었다. 특히 미국에 질질 끌려다녀서는 안된다는 점을 사전 경고한 것이다. 이쯤 되면 이승만의 경제적 식견은 전문가 뺨치는 수준이었다고 할 수 있다. 당시 최대 현안이었던 환율, 대일 무역, 대미 정부 교섭에 대해 그는 확고한 소신을 가지고 일일이 챙겼던 것이다.

그러다 보니 미국 정부와 생각이 달라 대립하는 경우가 많았다. 이승만의 경제적 관심은 오직 '달러'였다. 나라 경제를 살리려면 달러가 있어야 한다고 판단했다. 부족한 생필품을 수입하는 일도, 공장을 짓는 일도, 달러 없이 되는 것은 없었기 때문이다.

이승만이 걸핏하면 미국과 실랑이를 벌였던 것도 바로 달러 문제에서 비롯됐다. 달러에 대한 원화 가치, 즉 환율을 어떻게 정하느냐에 따라 미국에서 얻어낼 수 있는 달러 액수가 늘었다 줄었다 했던 것이다. 원조받는 달러를 어떻게 쓸지에 대해서도 충돌했다. 이승만은 일본에서 생필품을 사다쓰라는 미국의 권고를 무시하고 국내에 발전소를 짓고 밀가루 공장과 비료 공장들을 건설하겠다고 맞섰던 것이다. 원조를 통해 돈줄을 쥐고 있던 미국정부도 이승만의 이 같은 고집 때문에 자주 애를 먹어야 했다. 미국으로서는 코리아의 대통령이 영어를 잘해서 소통에는 문제가 없어 좋은데, 중요한 정책들을 자기네가 시키는 대로 않고 사사건건 반기를 드는 바람에 골치를 썩였다.

아무튼 이승만의 산업 정책은 하루빨리 수입대체 산업을 키워서 수입을 줄이는 일이었다. 경제적 자립을 위해서는 자급할 수 있는 제조업 기반을 키워야 한다고 이승만은 판단했다. 품질이 떨어져도 국산품을 사용을 독려했고 수입은 강력히 규제했다. '국산품 애용'과 '수입품 배격'은 이 시대의 중요한 범국민운동 과제였다. 따라서 이승만은 미국의 원조자금을 부족한 물자를 수입하는 데 쓸 것이 아니라 공장 짓는 데 투자하기를 바랐다.

미국은 이 같은 이승만의 경제 정책에 반대했다. 한국은 스스로 공장을 지어 자립경제를 꾸려 나갈 능력이 없다고 봤던 것이다. 비료 공장 건설 문제 등도 이승만이 감당도 못할 공장을 무리하게 지으려 할 뿐 아니라, 원조 자금을 빼내서 자신의 정권 연장을 위한 정치자금으로 쓴다고 못마땅해했다.

미국의 강한 반대를 무릅쓰고 수입대체 산업을 육성하려 했던 배경에는 이승만의 반일 정책도 크게 작용했다. 산업 정책 차원에서 수입대체산업을 육성했다기보다는 일본에 좋은 일을 해서는 안 된다는 정치적 판단도 가세했던 것이다.

경제전문가 뺨친 고집쟁이 대통령

이승만은 원래 국제정치 전문가였다. 독립운동을 하다 일찍이 미국으로 건너간 그는 하버드 대학에서 정치학 석사를, 프린스턴 대학에서 정치학 박사 학위를 받았다. 당시 미국인 기준으로도 대단한 학력이었다. 뿐만 아니라 워싱턴을 중심으로 유력인사들과 교분을 쌓았고, 국제정치 분야에 대한 상당한 식견을 인정받고 있었다. 따라서 제2차 세계대전 이후 세상이 어떻게 돌아가고 있는지에 대한 이해나 지식으로 치면 다른 국내 정치 지도자들보다 월등히 앞서 있었다. 특히 소련을 중심으로 한 공산권 국가들의 세력 확장이 어떻게 전개될 것인지에 대해 조예가 깊었다.

그는 정치뿐만 아니라 대통령으로서의 기본적인 경제 식견을 충분히 가지고 있었다. 인플레이션과 통화량의 관계, 환율 등락이 미치는 경제적 파장, 국가 재정 집행 등을 일일이 따졌다.

특히 이승만은 자본주의에 대한 기본적인 이해와 인식이 확고했다. 33년간 오랜 미국생활을 통해 자본주의 경제와 자본주의의 기본인 사유재산제도를 몸으로 경험하고 익혔다.

이 같은 생활체험은 건국 초기의 경제 정책에 상당한 영향을 끼쳤다.

1953년, 전쟁 막판에 이승만 정부는 극비리에 통화개혁을 했는데, 이 과정에서 실무자들은 이승만 대통령 탓에 낭패에 직면했다. 통화개혁은 극심한 인플레이션을 해결하기 위해서 돈을 바꾸고 예금을 일정 기간 동결시키는 조치인데, 대통령이 막판에 예금 동결 부분을 통화개혁 내용에서 빼라고 지시했던 것이다.

이승만 대통령은 장관들에게 "국민의 재산 사용을 마음대로 제한한다면 누가 정부를 믿겠는가. 개인의 재산권을 보장하는 것은 민주주의의 철칙이다. 나는 미국에서 그렇게 배웠다."라며 예금 동결 조항을 반대했다. 아무리 통화개혁을 통해 물가를 잡는 일이 중요하다고 해도 개인의 사유재산권을 침해하는 정책은 잘못이라는 것이 미국생활로 익힌 이승만의 철학이었다.

한편, 환율 문제에 대한 이승만의 고집에 미국은 혀를 내둘렀다. 미국이 여러 경로로 한국 정부에 대해 여러 차례 절하 압력을 넣어 왔으나 좀체 굽히지 않았다. 대통령에게 눈치 없이 평가절하를 건의했던 최순주 재무부 장관은 그 다음 날로 경질되기도 했다. 환율 문제는 이승만 나름대로 계산이 있었다. 전쟁 중에 한국 정부가 유엔군에게 빌려 준 돈이 상당 규모 있었는데, 환율을 올릴 경우 달러로 돌려받는 액수가 줄어들기 때문이었다.

그러나 부작용이 더 많았다. 달러 암시장이 기승을 부리고 수출하는 데도 부담이 컸다. 그럼에도 이승만이 고집을 피운 배경에는 '돈의 가치가 한 나라의 국격(國格)을 나타내는 것'이라는 생각도 작용했다. 한국 돈의 가치하락을 인정하면 이는 곧 한국의 국격이 떨어지는 것을 인정하는 것이나 다름없다고 여겼던 것이다.

공산화를 막아낸 농지 개혁

2004년 11월, 남미를 순방한 노무현은 칠레 산티아고 동포간담회에서 이런 연설을 했다.

"남미 여러 나라를 돌면서 왜 한국이 성공했을까 많이 생각했다. 옛날 지도자들이 실책을 더러 했지만 그래도 한가지씩은 다 했다. 자유당 시대를 독재시대, 암흑시대로 생각했었다. 그런데 지나고 보니 당시 토지개혁은 정말 획기적이고 역사를 바꾼 사건이 아니었나 생각한다. 토지개혁 덕분에 6·25전쟁이 터졌는데도 국가 독립과 안정을 지켜냈고 국민이 하나로 뭉쳐서 체제를 지켜냈다."

노무현이 이승만의 농지개혁을 두고 한 말이다. 독재자로

만 알았던 이승만이 알고 보니 토지개혁 같은 대단한 업적을 남겼더라는 이야기다. 남미 국가들의 토지 제도를 직접 보면서, 거기에다 한국 현실을 대입시켜 본 소감을 그렇게 피력한 것이다. 이승만의 토지개혁이 과연 어떤 정책이었기에 정치적 성향이 전혀 다른 노무현 대통령이 이토록 칭송했던 것일까.

토지개혁은 북한이 남한보다 먼저 실시했다. 해방 이듬해인 1946년 3월, 소련군 주도로 다른 공산국가들처럼 모든 토지를 몰수해서 농민들에게 무상으로 나눠줬다. 소위 말하는 '무상몰수 무상분배'를 한 것이다. 농민들은 일시에 소작농이 없어져서 환호했으나 땅 임자는 어디까지나 국가였다. 땅뿐 아니라 심지어 가축들까지도 국유화했다.

남한도 해방 이후 토지개혁(남한은 농지만을 대상으로 했다)에 대한 필요성이 꾸준히 제기되고 있었으나 개인의 재산권이 걸려 있는 문제인지라 시비가 많았다. 미군은 소련과 기본적으로 생각이 달랐다. 토지개혁은 필요하지만, 어디까지나 사유재산제도를 전제로 해야 한다는 것이었다.

해방 당시 남한의 전체 농민 중 84%가 남의 땅에 농사를 짓는 소작농이었으며, 농토의 63%가 소작지였다. 농민들이 대부분 지주의 농사를 대신 지어주는 상황이었으니 어떤 형태로든 토지개혁은 절실했다.

이승만은 집권 이후 토지개혁을 서둘렀다. 무엇보다 소작농을 그냥 방치하다가는 북한 공산체제에 잡아먹힌다고 판단했다. 비록 공산당 경력이 있으나 농민들에게 인기 있었던 조봉암을 초대 농림부 장관에 발탁한 것도 토지개혁을 염두에 둔 것이었다.

사실 남한의 토지개혁(1950년 3월)은 농지만을 대상으로 했다는 점에서 정확하게는 농지개혁이라고 불러야 한다. 그 핵심 내용을 간추려 보면 ① 3,000평 이상의 농지에 대해 ② 정부가 지주로부터 땅을 사들여서 소작농에게 파는 유상몰수 유상 분배 형식을 취했으며, ③ 땅값은 현금이 아니라 지가증권으로 지주에게 줬고, ④ 땅을 받은 소작농은 땅값(수확량의 1.5배)을 5년에 나눠서 현물로 상환토록 했다.

농지개혁은 우여곡절이 많았다. 농지개혁을 실시하고 나서 곧바로 전쟁이 터지는 바람에 한동안 중단되었다가 1957년에서야 작업을 마무리 지을 수 있었다. 대한민국이 세워지고 농지개혁처럼 힘들고 부작용이 컸던 개혁 작업은 여태껏 없었다. 물론 실시과정에서 부정부패가 많았고, 공정하게 집행되지 못한 측면도 적지 않았다. 그러나 불완전한 농지개혁이었다 해도 그나마 하지 않았다면 어떻게 되었을까.

우선 6·25전쟁이 터지기 불과 3개월 전에 토지개혁을 실시한 것은 천만다행이었다. 내용을 따지기 전에 만약 농지개혁 없이 전쟁을 맞았다면 남한은 순식간에 북한의 수중에 들어갔을 것이 뻔했다. 아마 땅을 거저 나눠 주는 북한 점령 군에 대해 남한 농민들은 적극적으로 지지했을 터이고, 전쟁 은 북한의 조기 승리로 끝났을 것이다. 미국정부도 같은 생 각이었다.

농지개혁의 정치적·정책적 의도가 무엇이었든 간에 그 결과와 역사적 의미는 실로 대단했다. 비록 땅값을 치른 '유 상몰수'였다고는 하나, 왕조 시대의 전통적 지주제도가 농지 개혁으로 인해 일시에 해체된 것이다. 부작용도 상당했지만 지주제도의 해체는 한국경제의 생산구조와 분배구조 면에 서 혁신적 변화를 몰고 왔다.

지주제도의 붕괴는 3년간의 처참한 전쟁을 치러내는 과정 에서 더 과격하게 진행됐다. 전쟁 통에 지주계급들은 피해가 컸을 뿐만 아니라, 극심한 전쟁 인플레이션 탓에 토지보상대 금으로 받은 지가증권이 휴짓조각으로 되었기 때문이다. 농 지개혁을 계기로 기존의 농업자본이 산업자본으로 전환되 는 것을 기대했었으나, 애초의 의도는 완전히 물거품이 되고 말았다. 지주들이 유상몰수의 대가로 받은 지가증권은 3년 전쟁을 치르면서 엿장수들이 엿을 주고 거둬들일 정도로 그 가치가 폭락했던 것이다.

아무튼 이승만은 농지개혁을 실시함으로써 공산화를 막

았고, 자본주의 기틀인 사유재산제도를 공고히 다졌으며, 지주계급이 해체됨에 따라 분배구조면에서도 꾸준한 진전을 이룰 수 있었다. 이것이 브라질이나 아르헨티나 필리핀 경제와 근본적으로 다른 점이다. 브라질의 대통령인 룰라가 재임 시절에 "브라질 경제의 근본 문제는 한국이 1950년대에 했던 농지개혁을 아직도 못하고 있기 때문"이라고 한 말은 한국의 농지개혁을 밖에서 보는 객관적인 평가기도 하다.

특혜를 먹고 자란 공업화

정부가 처음 수립되면서 이승만 시대의 공업화는 어떻게 진행되었던 것일까. 무상원조를 많이 받았지만, 전쟁의 파괴 속에서 남아나는 것은 아무것도 없었다. 1953년에 비로소 전쟁이 끝나고 나서야 한국 경제는 정신을 차리기 시작했다. 미국의 원조도 전쟁 복구와 부흥에 초점이 맞춰졌다.

그러한 노력의 결과로 1953~1961년 사이의 연평균 제조업 성장률은 11.5%를 기록했다. 주로 제분 공장, 설탕 공장, 옷감 공장 등 생필품을 생산하는 공장이 지어졌다. 공장 시설은 일본이 남기고 간 적산기업을 불하받은 것을 사용하고, 원료는 미국에서 원조받은 밀, 설탕원료, 솜 등으로 조달했으며, 기업자금은 미국에서 주는 원조 자금으로 충당했다.

이승만식 산업 정책이었다. 사람은 일본인 회사에 몸담은 경험이 있거나 연줄을 맺었던 사람들이 주도권을 잡았다.

혼란 속에서도 전쟁이 끝나고 3~4년 동안은 제법 기업 활동이 왕성했다. 1957년 즈음에는 면방·제분업 분야에 투자가 몰려서 과잉생산 문제가 생겨나기도 했다. 가장 돈벌이가 잘됐던 사업은 전쟁의 파괴가 빚어낸 고철장사였다. 탄피와 고철더미를 수집해서 일본에 파는 것이 중요한 외화벌이였다.

기업들은 이익이 나는 사업이면 수단 방법을 가리지 않았다. 이승만 정권하에서 빚어진 각종 특혜 환경이나 정부 정책이야말로 기업으로서는 사업을 성공시킬 수 있는 절호의 이윤동기이자 기회였다. 적산기업을 누구에게 불하하느냐, 환율이나 금리 정책을 어떻게 하느냐, 제한된 원조 자금을 어떤 기업에게 지원하느냐, 수입 규제를 어디까지 하느냐에 따라 기업의 흥망성쇠가 엇갈렸다. 어찌 보면 정부 정책 자체가 하루아침에 벼락부자를 만들어 내는 특혜 생산 공장이었다.

그러니 정치와 기업 사이의 유착이 만연할 수밖에 없었다. 정권에 줄을 잘 잡은 기업은 하루아침에 벼락부자가 됐고, 미운털이 박히면 나락으로 떨어졌다. 이 과정에서 이승만 정권과 자유당은 거액의 정치자금을 기업들로부터 챙겼고, 이 돈으로 야당의 정치적 라이벌을 압도할 수 있었다. 김구를 도왔던 금광부자 최창학은 김구가 암살된 후 재계에서 사라졌고, 이승만을 도왔던 백낙승은 태창그룹을 일구어 크게 번창했다. 그러나 이 시대의 모든 기업 활동을 정경유착의 시각으로만 해석할 순 없다. 부정부패는 당시 사회의 일반적 풍토이자 수준이기도 했다. 비록 이승만 정권이 부정부패 정권의 표본으로 비난받아 마땅하지만, 이승만 개인은 청렴했다.

정부와 기업 활동의 구별도 모호해 국가 기반시설 확충이나 산업을 담당하는 국영기업체들이 여기저기 만들어졌다. 공기업과 개인기업의 엄밀한 구분도 없었다. 이승만은 에너지 문제를 해결하기 위해 대한석탄공사(1950년)를 설립했는데, 초대 총재에 교통부 장관 허정을 겸임 발령했다. 새로 만든 국영기업의 첫 CEO 자리를 현직 장관이 겸하도록 한 것이다. 나중에 경영이 엉망이 되자 민간 기업인 강원탄광 사장 정인욱을 불러들여 경영 혁신을 맡겼다. 일체의 정치적 간섭을 하지 않겠다는 다짐을 대통령으로부터 받아낸 정인욱은 적자 기업을 단숨에 흑자 기업으로 바꿔 놓았다. 이 시대의 대표적인 구조조정 성공사례였다.

특혜시비와 부정부패 속에서도 산업의 새싹은 돋아나고 있었다. 설탕 공장과 방직 공장에 이어 유리 공장과 시멘트 공장이 지어졌고, 석탄을 실어 나르는 철도가 놓이면서 화력

강원탄광 정인욱 사장에게 탄광 현황을 설명 듣고 있는 이승만 대통령 내외

발전소도 세워졌다.

기아산업 김철호는 전쟁 중임에도 국내 최초로 자전거를 대량생산하기 시작했고(1953년), LG그룹의 전신인 락희산업 구인회는 국산 라디오 개발에 성공했다(1959년). 국산 선풍기와 전화기 생산도 뒤를 이었다.

그러나 전반적인 경제상황은 미국이 주던 무상원조가 줄어들면서 급속히 나빠졌다. 이자가 오르고 환율도 올랐다. 기업들은 졸지에 이자와 환율 부담까지 겹치는 바람에 1959~1960년 사이 심각한 불황 속에 빠져들었고, 이처럼 경제가 악화된 상황에서 이승만 정권은 부정선거 끝에 붕괴를 맞이했다.

영어에 능통한 대통령

해방 이후부터 건국에 이르기까지 한국에서 누가 영어를 가장 잘했을까. 아마도 대통령 이승만과 그의 부인 프란체스카였을 것이다. 이승만은 청년 시절 배재학당에서 영어 선생을 했을 뿐 아니라, 33년간 미국에 살았고, 저명한 대학에서 정치학 박사까지 했으니 원어민 못지않은 능통한 영어를 구사했다.

'대통령의 영어 실력이 뭐 그리 대수로운가. 필요하면 통역을 쓰면 되는데.'라고 말할 수도 있다. 그러나 대통령의 영어실력이 출중했다는 것은 단순한 언어 소통 차원의 문제가 아니었다. 대통령 이승만의 능통한 영어는 불안한 건국 초기의 나라 운영 전반에 걸쳐 상당한 영향을 미쳤다.

해방 이후 미국과 소련의 이해관계에 따라 한반도 정책이 좌지우지되고 있던 판에 한국 최고지도자의 외국어 소통 능력이나 국제적 안목, 그리고 인적 네트워크 여부는 매우 중요했다. 따라서 대통령이 영어를 능숙하게 구사했다는 것은 소통 능력뿐 아니라 사고방식이나 교제범위가 그만큼 국제적이었음을 말해 주는 것이다. 영어는 국제화의 바로미터였다.

이승만의 영어에 미국은 어떻게 반응했을까. 미국은 한국 초대 대통령의 능통한 영어가 편하기도 했지만 때로는 불편

하기 짝이 없었다. 한국 대통령과 언어 소통이 잘못되는 일은 전혀 걱정하지 않았지만, 미국의 주장에 한마디도 물러서지 않고 맞설 때는 여간 골칫거리가 아니었다. 만약 이승만에게 거침없는 영어 소통 능력이 없었다면 한국은 미국에 대해 훨씬 고분고분했을 것이다.

이승만은 자신의 소신을 관철시키기 위해 미국 대통령에게 직접 편지를 썼고, 영향력을 발휘하는 워싱턴의 인사들에게 수시로 전화 설득 작전을 폈다. 정부 차원의 영문 협정이나 계약서의 오류는 이승만이 직접 고치는 경우도 많았다.

당시 영어는 '로마로 통하는 길'이었다. 영어에 능통해야 출세했다. 미군정 시대는 물론이고, 해방 이후에도 상당기간 정치·군사·경제면에서 미국의 영향력이 막강했으므로 영어에 능통한 사람이 요직을 차지하는 것은 당연한 일이었다. 대통령 이승만도 영어에 능통한 사람을 요직에 기용했다. 나라 살림을 대부분 미국 원조로 감당하는 상황이었으므로 영어는 필수 불가결의 스펙이었다.

한국은행 부총재에 이어 부흥부 장관 겸 경제조정관에 발탁된 송인상이 이승만에게 각별한 신임을 받게 된 것도 미국 연수를 받으면서 닦은 영어실력 덕분이었다. 당시 경제조정관이란 시도 때도 없이 미국 당국자들과 만나고 수시로 전화 소통을 해야 하는 자리였으니 영어는 필수였다.

미국으로 유학을 갔다 오면 금상첨화였다. 능통한 영어 실력에 선진국에서 배운 전문성까지 갖춘 것으로 평가받았기 때문이다. 재무부 장관을 지냈던 최순주와 김현철 등도 그들이 미국 유학 시절에 이승만의 눈에 뜨였던 것이다. 그 밖에도 하버드 대학 비즈니스 스쿨을 나온 이한빈, 서봉균 등도 요직에 등용되어 승진가도를 달렸다. 미국에서 공과대학을 갓 졸업한 전상근(전 국립과학관장)이 무턱대고 상공부 장관을 찾아가서 하루아침에 시멘트 공장의 공장장이 될 수 있었던 것도 기술자로서의 전문성을 인정받기도 한 것이지만, 돈줄을 쥔 미국 관계자들과의 영어 소통에 문제가 없었기 때문이었다.

어떤 분야이든 영어를 해야 인재 대우를 받는 시대였다. 원조 자금을 받아 내는 일로부터 시작해서 원조받은 돈으로 예산을 짜거나 공장을 지어 돌리는 일에 이르기까지 모든 중요한 일은 미국과 소통을 할 수 있어야 했던 시대였기 때문에 영어 잘하는 사람은 그야말로 금값이었다.

계몽군주가 되려 했던 이승만

이승만은 건국의 공로에도 불구하고 독재와 부정부패로 불행한 말로를 겪어야 했다. 4·19혁명으로 대통령에서 물러나 망명지 하와이에서 숨을 거뒀다.

그는 어떤 스타일의 리더였을까. 이승만은 원래 카리스마가 강한 리더였다. 몰락한 양반집에서 태어났으나 왕족의 후예(양녕대군 16대손)라는 족보가 말해 주듯이 자부심이나 선민의식이 강했다. 일본 식민지 치하에서는 서재필이 이끄는 독립협회에 가담하다가 감옥살이도 했고, 상해 임시정부의 대통령으로 추대되기도 했다.

초대 대통령이 되고 나서도 일본과 항상 대립하는 정책을 폈다. 일제 강점기 당시의 행정인력들을 엄격하게 척결하지 않고 중용했던 것은 사실이나 그렇다고 이승만을 친일파로 모는 것은 잘못이다. 33년간의 미국생활 끝에 해방 이후 70세의 나이에 한국 땅을 밟았으나 그는 친미파도 아니었다. 미국식 사고방식이 몸에 뱄으나 소신이 분명하고 고집이 강해 미국정부와도 번번이 충돌했다. 한 때 미국정부가 그를 한국 대통령 자리에서 제거하려는 방안을 검토할 정도였다.

국무회의 때는 장관들을 면전에서 혼쭐을 내는 일이 다반사였던 무서운 대통령이었다. 실제로 그는 유식했고 국제 정세에 대해서도 그만한 안목을 가진 사람을 찾기 어려웠다.

그는 기본적으로 양당정치를 탐탁지 않게 여겼다. 조선시대 당파 싸움에 매우 부정적이었던 그는 당쟁으로 흐르기 쉬운 양당정치보다는 훌륭한 지도자 중심의 일사불란한 통치 구조를 지향했다. 자기 같은 유능한 지도자가 나서서 중단 없이 국정을 끌어가야 한다고 믿었다. 개화된 계몽군주를 자처했던 셈이다. 양당정치를 하는 미국에서 오래 살았음에도 불구하고 그는 미국식 의회 민주주의는 한국에 맞지 않는다고 생각했다.

이 같은 독선은 시간이 지나자 자연히 장기집권을 정당화하는 방향으로 흘렀고, 그로 인한 부작용 또한 필연이었다. 사실 당시의 형편을 감안하면 누가 정권을 잡았다 해도 부패로부터 자유로울 순 없었을 것이다. 나라가 워낙 가난했고, 무질서를 다스릴 행정력을 갖추질 못한데다가, 외국의 원조에 의존해 배급경제로 연명하는 형국이었으니, 지금으로서는 상상할 수 없는 부정부패가 사회 전반에 만연했던 것이다. 이런 여건 속에 장기집권을 위한 부정선거는 부패를 더욱 가중시켰다. 12년 동안에 대통령 선거와 국회의원 선거가 격년으로 치러졌는데, 선거 때마다 막대한 정치자금이 정상적인 방법으로 조달되었을 리 만무했다.

원조를 통해 한국을 먹여 살리다시피 했던 미국정부로서도 이승만 정권의 부패에 불만이 많았다. 미국 대사관도 "막대한 원조자금이나 물자가 이승만의 장기집권을 위한 정치자금으로 전용되고 있다."라고 워싱턴에 보고했다. 그러나 미국정부도 이승만을 못마땅해하면서도 달리 대안을 찾지 못했다.

경제민주화의 원조, 장면 시대

경제 제일주의

장면 정부는 불과 9개월로 끝난 단명 정권이었다. 그러나 이 시기는 한국경제의 발전 과정에 매우 특별한 의미가 있다. 비록 혼란의 연속이었으나 이승만과 박정희를 잇는 중요한 징검다리 시대였다.

비록 이승만 대통령이 부정 선거로 대통령 자리에서 명예롭지 못하게 물러나긴 했으나, 그의 집권 12년은 농지개혁과 사유재산권의 확립 등 자본주의 경제의 뼈대를 만든 역사적인 시기였다. 그럼에도 불구하고 한국은 빈곤국가에서 벗어나지 못했으며 북한보다 훨씬 못살았다.

그나마 미국의 무상원조가 1957년을 정점으로 급속히 줄어들면서 한국경제는 심각한 어려움에 빠졌다. "못살겠다! 갈아보자!"라는 야당의 선거 슬로건이 당시의 경제 상황을 단적으로 말해 주었다. 1960년 4·19혁명이 성공한 것도 독재와 부정선거에 대한 저항뿐 아니라, 악화일로의 경제상황이 결정적인 배경이었다.

민주화로 집권했음에도 장면 정권이 내건 최우선 과제는 경제우선이었다. 독재정권의 붕괴를 계기로 정치사회적으로는 민주화 열풍이 휘몰아치면서 혼란의 도가니 속으로 빠져들었으나, 정부 입장에서는 경제를 회복시키는 일이 무엇보다 급선무였다. 장면은 공식 연설을 통해 경제 제일주의를 강조했다.

"우리는 4월 혁명을 통해 오랫동안 잃었던 자유와 민주주의를 찾았습니다. …… 그러나 4월 혁명의 진정한 과업은 민생안정을 바탕으로 한 줄기찬 경제 발전이 없다면 실효를 거둘 수 없습니다. 그래서 새 정부는 경제 제일주의를 표방하고 나섰습니다."

재무부 장관 김영선도 북한과의 격차를 고백하면서 국민의 심기일전을 요청했다.

"대한민국의 경제는 이북보다 3~5년 뒤지고 있습니다. …… 발전시설, 제강시설, 비료, 시멘트 등 기간산업들은 대부분 북한에 있는 비참한 현실입니다. 이같이 뒤떨어진 현실을 어떻게 극복할 것인지가 문제입니다. …… 우리도 허리띠를 졸라매고 외국원조와 외자를 효율적으로 이용하면, 북한 괴뢰집단의 경제성장을 따라갈 수 있을 겁니다."

지금으로서는 상상도 하기 어려운 고백이 경제 정책의 총수에 해당하는 재무부 장관 입에서 나온 것이다. 당시 한국경제의 상황이 얼마나 어려웠는지를 가늠케 한다.

박정희 시대에 경제 지침서 노릇을 했던 경제개발 5개년 계획도 원래 장면 정권에서 처음 만들어졌다. 이승만 시대에도 그런 시도가 있었으나 이는 미국에 원조를 더 얻어내기 위해 급조한 것이고, 실천할 생각으로 경제계획을 짠 것은 장면 정부가 처음이었다. 다만 9개월 만에 무너지는 바람에 계획서는 빛을 보지 못하고 인쇄실 휴지통에 들어가고 말았다. 그러나 이것이 곧바로 군인들 손에 넘어가면서 제1차 경제개발 5개년계획으로 탄생하게 된다.

경제 정책에 대한 열성이나 노력만으로 따지면 장면은 이승만, 박정희 등 어떤 정권에도 뒤지지 않았다. 불철주야 경제 걱정이었다. 그는 경제난 타개를 위해 공청회와 토론회를 주재했고, 미국 원조를 늘리는 일에 전전긍긍했다. 그러나 거듭되는 혼란 속에 되는 일이 없었다. 경제개발 5개년 계획 수립도 시작은 좋았으나 실천력이 따르지 못해 질질 끌기만 했던 무기력한 정권이었다.

민주화의 회오리

장기 독재의 반작용으로 대통령 중심제는 내각책임제로 바뀌었고, 의회는 참의원과 민의원이라는 양원제가 도입되었다. 지방자치제도 실시되고 시장도 직접 선거로 뽑았다. 독재 시대에는 꿈도 못 꿨던 민주화 시대가 열린 것이다. 대통령은 상징적 존재로 뒷전에 물러앉았고, 권력의 정점에는 야당지도자였던 장면이 국무총리로 들어섰다. 시대 분위기도 그러했지만 장면은 권위주의하고는 거리가 먼 '민주형 타입'의 정치인이었다. 소신을 펴고 결단을 내리는 스타일이 아니라, 의견을 경청하고 상의해서 결정했다. 카리스마형이었던 이승만 리더십과는 전혀 달랐다.

민주화 바람은 경제의 판을 완전히 바꿨다. 정부의 독주와 독선은 완전히 사라졌다. 총리를 비롯한 장관과 국회 실력자 그리고 재계 대표가 마주 앉아 국사를 의논하고 정책을 결정한다는 것은 건국 이래 처음 있는 일이었다. 대단한 변화였다. 장면 정부는 '경제민주화'의 원조였던 셈이다.

1960년 12월 15일부터 5일간 열린 '종합경제회의'는 윤보선 대통령과 장면 총리를 비롯한 정부 고위 인사, 학계, 경제계, 언론계 인사 등 200여 명이 참석했다. 초대형 공청회였다. 다양한 사람들이 모였고, 회의 진행 방식도 매우 민주적이었다. 장면 총리나 관계 장관들은 정부가 당면한 문제를 솔직히 털어놓았고, 관계자들도 허심탄회하게 자기 의견들을 말했다. 이승만 시대에는 있을 수 없는 일이었다. 언론도 정부 정책을 마음대로 비판했다. 결정을 하지 못해서 문제였지 토론을 못 해서 문제가 되는 일은 없었다.

정부와 재계의 파트너십 구축

1961년 3월 24일, 서울 반도호텔(지금 롯데호텔 자리)의 장면 총리 집무실에서 최초로 정부와 재계의 연석회의가 열렸다. 정부 측에서는 장면 총리를 비롯해 김영선 재무부 장관 주요한 상공부 장관, 의회 쪽에서는 이태용 민주당(여당) 정책위원장과 김용주 참의원 원내총무가 참석했고, 재계는 김연수 한국경제협의회 회장(삼양사 회장)과 이한원 부회장(대한제분 사장) 등이 참석했다. 경제난 극복을 위한 정부 재계 합동의 긴급 비상대책위원회였던 셈이다.

"구직자들에게 일자리를 주고 이북을 앞지르기 위해서라도 경제 제일주의를 반드시 실현시켜야 합니다. 기업의 적극적인 지원을 바랍니다."

- 장면 총리

"보릿고개의 어려움이 크고 실업률이 급등하는 것을 막기 위해 기업들은 우선 구호양곡을 긴급 지원하겠습니다. 또 예산 염출이 어려운 시국 안정 자금도 거출한 용의가 있습니다."

- 김연수 회장

이런 식으로 진행된 회의는 저녁 7시에 시작해서 11시 넘어서야 끝났다. 회의 내용은 둘째고, 국가 최고 권력자가 주요 장관들을 배석시킨 가운데 재계 대표들과 대등한 입장에서 장시간 회의를 했다는 것 자체는 큰 뉴스였다. 사농공상(士農工商)의 유교적 전통에도 불구하고 장사꾼이 정부 장관과 마주 앉는 자리로까지 격상된 셈이다. 세상이 바뀌었음을 실감케 했다.

왜 장면 시대에 와서 이런 변화가 일어났던 것일까. 민주화 바람 덕분이었을까. 꼭 그렇게 볼 수만은 없는 이유는 당시의 한국경제 상황에서 찾을 수 있다. 장면 정권이 기업인을 국정 파트너로 삼았던 파격적인 변화는 그들이 필요했기 때문이다. 경제난 타개가 절체절명의 과제인데, 정부 혼자 힘으로는 도저히 불가능하다는 사실을 깨달았던 것이다. 돈을 벌고 일자리를 만들어 내는 것은 정부가 아니라 기업이라는 점을 분명히 인식했던 셈이다.

마침 재무부 장관 김영선이나 상공부 장관 주요한 등은 평소 기업인들과 교분이 두터웠고, 집권 이후 새 경제 정책을 세울 때부터 이들의 아이디어나 조언을 적극적으로 활용했다. 경제를 살리는 구체적인 대안을 찾는 데는 재계가 정부보다 한 수 위였다. '보세 가공수출'이라는 용어를 한국에 소개한 사람이 대표적 무역회사였던 천우사 사장 전택보였고, '태백산종합개발계획'이라는 석탄개발계획도 강원탄광 사장 정인욱 개인의 구상에서 나온 것이었다.

물론 기업의 태동은 해방 이후 원조경제 환경에서 시작된 것이다. 그러나 이승만 시대에는 정부가 원조자금을 바탕으로 거의 모든 분야를 주도했던 데 비해 장면 시대에 와서는 처음으로 정부와 재계의 협업관계가 조성되었던 것이다. 이 같은 정부와 재계의 파트너십 구축은 박정희 시대에 들어가면서 본격화되기 시작한다.

한국의 산업혁명, 박정희 시대

박정희는 누구인가?

　박정희와 한국경제를 논하는 것은 매우 조심스럽다. 그의 존재감이 워낙 크기 때문이다. 박정희 시대를 다른 대통령과 단순 비교하는 것 자체가 적절치 않다. 집권 기간이 다른 대통령들과 비교가 안 된다. 그 기간 중에 수많은 변화와 발전이 있었다. 경제뿐 아니라 한국사회 근대화의 기본 인프라가 그의 손에 의해 깔렸다고 해도 과언이 아니다.

　박정희의 과거는 그리 내놓을 만한 것이 못 된다. 그는 이승만처럼 왕족의 후예도 아니었고, 김구 같은 독립투사 경력과도 거리가 멀었다. 경력으로 치면 오히려 흠이 적지 않다. 식민지 시대 일본사관학교를 졸업한 일본군 장교출신이었으며, 현역 대한민국 육군 장교로서 남로당 비밀 당원임이 적발되어 사형선고까지 받았었다. 그런 그가 육군소장 신분으로 쿠데타를 일으켜 정권을 잡았고, 또한 18년 장기집권을 통해 한국경제의 산업혁명을 이룩한 주역으로 평가받을 줄 누가 알았겠는가.

박정희는 장기집권과 탄압정치에 대한 비난에도 불구하고 오늘의 한국경제를 있게 한 경제치적에 대해서는 역대 대통령 중 단연 1위를 차지하고 있다. 과연 어떤 배경에서 그런 평판을 얻게 된 것일까. 그의 경제 철학은 무엇이고 누구한테 영향을 받았는가. 박정희 리더십의 핵심이나 비결은 무엇이었나.

박정희는 특별한 경제 식견이나 경륜을 가진 인물이 아니었다. 그가 경제 정책에 구체적으로 관심을 갖기 시작한 것은 정권을 잡고 나서였다. 쿠데타에 성공하기 전의 육군소장 박정희는 '경제성장'보다는 '부정부패' 척결문제에 더 관심이 많았다. 다만 군인이었기에 장면 정권 때부터 제기되었던 북한과의 경제력 차이를 심각하게 걱정했을 정도다. 그가 집권하던 1961년의 통계를 봐도 남한이 훨씬 못살았다. 남한은 1인당 소득이 82달러로 세계 125개국 중 101번째였다.

아프리카의 우간다 같은 나라와 비슷했다.

어쨌든 군인이 쿠데타를 일으켜 정권을 잡았으니 민심을 얻기 위해서라도 경제 살리기에 전력투구를 할 수밖에 없었다. 그러나 경제를 모르는 군인들로서는 무엇을 어떻게 해야 할지 몰라 당황했다. 쿠데타 직후 정부의 모든 장관 자리를 군인으로 바꿨으나, 재무부 장관만은 1개월 만에 민간인 전문가로 교체했다. 뒤늦게나마 자신들의 한계를 깨달았던 것이다. 혁명군들도 경제는 전문가 손에 맡겨야겠다고 생각했다.

경제 문외한이었던 박정희는 하루가 다르게 달라졌다. 각 분야의 전문가들을 찾아서 믿고 맡겼고, 모르는 것은 물어가며 열심히 배웠다. 부정축재범으로 몰린 재벌총수들을 처벌하지 않고 조언을 구하며 경제 선생으로 삼았다.

박정희가 처음부터 수출지상주의나 성장우선 정책에 몰두했던 게 아니다. 원래 그는 '자립경제'나 '균형성장' '공평분배' 같은 단어에 더 솔깃했다. 그러나 직접 국가를 경영하면서 겪은 시행착오를 통해 생각이 달라졌다. 국내에서는 자금 동원이 불가능하니 싫든 좋든 외국에 돈을 빌려 오지 않고서는 아무것도 할 수 없다는 것을 실감했다. 정부의 한계를 깨달았고, 기업과 시장이 어떤 존재인지를 정확히 파악했다. 특히 박정희는 대통령의 역할이 무엇이어야 하는지를 터득했으며, 이것이 그의 사후에도 한국경제를 끌어가는 공인된 패러다임으로 오랫동안 자리매김했다.

군인들의 시행착오

5·16쿠데타로 정권을 잡은 군인들은 국가재건최고회의 (의장 박정희)를 통해 입법·사법·행정의 모든 권한을 틀어쥐었다. 이곳을 정점으로 모든 개혁 작업을 거침없이 밀어붙였다. 군인들은 민주화 혼란 속에 아무것도 못하던 장면 정부와는 다르다는 점을 보여주고자 했다. 과감한 결단과 실행력으로 민심을 얻는 것이 급선무라고 판단했다. 공약에 적혀 있듯이 "절망과 기아선상에서 허덕이는 민생고를 시급히 해결하겠다."라는 개혁의지가 충천했다. 무인정치가 시작된 것이다.

그러나 무수한 시행착오를 겪었다. 군인들이 목숨 걸고 쿠데타를 일으키는 과정에서 경제 정책까지 사전에 치밀하게 준비했을 리 없었다. 쿠데타에 성공하자 군인들은 장면의 민주당 정부가 이미 만들었거나 만들고 있었던 정책 자료들을 닥치는 대로 끌어모았다. 정책 방향을 논의하는 자리에도 군인들은 권총을 차고 회의를 주재했으며, 경제를 모르는 박정희는 주로 듣기만 했다.

초기 경제 정책 실패의 대표적인 것은 통화개혁(1962년 6월)이었다. 박정희 군사정부는 기본적으로 통화개혁이 얼마나 충격적인 조치인지 알지도 못하면서 덜컥 일을 저질렀다가 창피만 당하고 한 달 만에 무효화시키고 말았다. 이런 어처구니없는 실패는 통화개혁의 의도에서부터 비롯됐다. 통화개혁이란 전쟁 때 극심한 인플레이션을 잡기 위한 극약처방으로 하는 게 보통이다. 그러나 박정희는 통화개혁으로 지하 경제 자금을 색출해내고 그 돈으로 부족한 경제개발자금을 충당하려 했던 것이었다.

이를 주도한 인물은 박정희의 경제참모로 활약했던 육군 대령 유원식이었다. 그는 박정희에게 "모든 권력과 지위는 박정희 장군이 차지하시고 경제는 내게 맡겨 주십시오."라고 했던 자칭 경제통이었다. 실제로 집권 초기에 박정희는 경제를 유원식에게 거의 맡기다시피 했다. 유원식은 극비리에 통화개혁 작업을 추진했다. 제1차 경제개발 5개년계획을 제대로 추진하려면 공장 지을 돈이 있어야 하는데, 통화개혁을 통해 시중에 돌고 있는 중국 화교 자금을 비롯한 지하경제 돈을 끌어들이면 해결할 수 있다고 판단했다. 군인들 몇 사람끼리 합의하고 서울대 박희범 교수가 비밀리에 밑그림을 그려서 통화개혁이라는 깜짝쇼를 벌였다.

당시, 박정희는 자기 의견이 없었다. 그는 집권 이후 외국의 원조나 차관 얻기가 하늘의 별 따기임을 실감하고 있었으므로 통화개혁을 통해 산업자금을 마련하고 검은돈도 색출해 낼 수 있다면야 그보다 좋을 수 없었다. 1953년 전쟁통에 실시했던 통화개혁 당시, 대통령 이승만이 나서서 사유재산권을 이유로 재산동결을 반대했던 것과는 전혀 딴판이었다. 뒤늦게 실무 작업에 참여한 김정렴 등 한국은행 실무팀은 군부가 추진하는 통화개혁이 무리임을 주장했으나 유원식은 아랑곳하지 않았다. 최소한 미국과의 사전 협의는 거쳐야 한다고 조언했으나 이마저도 무시했다.

이런 통화개혁 조치는 경제에 엄청난 충격만 초래한 채, 아무 성과도 거두지 못했다. 막대한 화교자금이 장롱 속이나 장독대에 숨겨져 있을 것이라는 전제부터가 잘못이었다. 사채놀이를 하는 지하자금도 대부분 은행 계좌에 들어 있다는 금융의 기초도 몰랐던 것이다.

더 큰 실수는 미국 몰래 밀어붙였다는 점이다. 미국은 대단히 화를 냈다. 가뜩이나 미운털이 박혀 있는 참에 통화개혁 같은 비상조치를 한마디 사전협의 없이 밀어붙이다니, 미국으로선 박정희 정부의 독주를 그냥 넘어갈 리 없었다.

미국은 즉각 부산과 인천항에 들어온 원조 농산물 하역을 중단시키며, 군사정부가 통화개혁을 철회하지 않으면 식량원조를 끊겠다고 으름장을 놓았다. 결국 정부는 엄청난 부작용만 초래한 채, 한 달여를 버티다가 동결 예금을 해제하는 등 통화개혁 전면 백지화했다.

박정희 정부는 미국의 사전 양해 없이도 정권을 잡을 수는 있었지만, 통화개혁이라는 경제 정책은 참담한 실패를 맛보며 큰 망신을 당해야 했다. 이들은 미국 몰래 통화개혁을 추진하느라 미국이 아닌 영국에서 새 화폐를 인쇄했으며, 서둘러 돈을 찍느라 '조폐공사'를 '조페공사'로 잘못 인쇄하는 어처구니없는 실수를 저지르기도 했다. 그러나 통화개혁의 실패 책임을 육군대령 유원식에게만 돌릴 순 없다. 실정을 모르는 부하한테 전적으로 일임하고 추진시킨 것은 박정희의 잘못이었다.

박정희 정부는 종래의 정부, 정치인들과는 다르다는 점을 행동으로 보여 주기 위해 매사를 서둘렀다. 장면 정권에서 국회 시비로 차일피일 미뤄 왔던 '경제기획원 신설' 문제를 집권 후 단 2개월 만에 해치웠다. 그러나 초기의 경제기획원은 시행착오의 표본이었다. 경제 정책을 총괄 지휘하는 사령탑을 신속하게 설립한 것까지는 좋았는데, 설립 3년 동안 부총리급 장관은 초대 김유택(9개월)을 시작으로 송요찬(3개월) → 김현철(22일) → 김유택(8개월) → 유창순(2개월) → 원용석(8개월) → 김유택(5개월) 등 무려 7번이나 바뀌었다. 정상적인 행정을 기대할 수 없는 혼란의 연속이었다. 물론 이 같은 인사의 최종 결재권자는 박정희였다.

그 밖에도 박정희 정부 초기는 한마디로 말해 '과잉 의욕 속의 시행착오 시대'였다. 막강했지만 무지했던 국가재건최 고회의는 잘못된 차관 도입을 비롯해 여러 면에서 실수를 저질렀다.

의욕만 앞섰던 제1차 경제개발 5개년계획

박정희 경제를 말할 때 빠짐없이 등장하는 것이 바로 '경 제개발 5개년계획'이다. 경제개발 5개년계획은 5·16쿠데타 다음 해인 1962년부터 제1차 계획을 시작한 이래 무려 7차 에 걸쳐 35년 동안 실시되다가 김영삼 시대에 폐지되었다. 경제개발 5년계획은 한국경제 발전 과정의 기본 매뉴얼 같 은 것이었다. 박정희는 어떤 생각으로 5개년계획을 시작했 던 것일까.

원래 5개년계획은 장면 정권의 경제 관료들이 완성했지 만, 발표 직전에 쿠데타가 터져 사장됐던 것이다. 이 계획 은 쿠데타로 경제 청사진 마련이 다급했던 박정희 정권으 로서는 안성맞춤이었다. 즉각 실무자들을 동원해서 몇 군데 손질을 통해 급조한 것이 바로 '제1차 경제개발 5개년계획 (1962~1966년)'이었다.

박정희에게 경제개발 5개년계획은 두 가지 계획을 성사시키는 데 반드시 필요했다. 첫째, 집권 6개월 만에 미국 워싱턴 방문을 앞두고 있는데, 워싱턴에 가서 원조와 차관을 요청할 사업계획서가 필요했다. 둘째, 경제를 모르는 군사정권이었기 때문에 경제를 꾸릴 목표와 계획표가 있어야 했다.

그러나 두 가지 모두 박정희의 생각처럼 되지 않았다. 박정희는 미국정부에 제1차 경제개발 5개년계획을 열심히 설명했으나 워싱턴 당국자들의 반응은 냉담하기 짝이 없었다. 호주머니 생각은 않고 사고 싶은 물건들만 잔뜩 열거한 '쇼핑 리스트'라며 무시했다. 의욕만 앞세웠을 뿐, 내용도 조잡하고 방향도 틀렸다는 것이다.

미국은 애당초 한국의 독자적인 경제계획에 부정적이었다. 미국은 5년간의 평균 목표 성장률 7.1%가 실천 불가능한 비현실적인 숫자이며, 한국 정부로서는 무리한 성장을 추구할 게 아니라 물가안정이 더 시급한 과제라고 판단이었다. 이는 세계은행도 마찬가지였다.

경제 쪽에서 박정희에게 첫 시련과 좌절을 안겨 준 것은 외자 조달이었다. 자금이 없는 상태에서는 제1차 경제개발 5개년계획에서 큰소리쳤던 대규모 공장 건설은 불가능했다. 기업도 정부도 돈이 없었다. 몇 푼 안 되는 외환보유고만 축내고 있었다. 당시 정부의 외환보유고 규모는 2억 달러 안팎

제1차 경제개발 5개년계획서

이었다.

　제1차 경제개발 5개년계획 첫해의 성장률이 흉작까지 겹쳐 2.2%에 그치자 박정희의 좌절은 이만저만이 아니었다. 경제 살리기를 쿠데타의 명분으로 삼았는데, 초장부터 실패를 면치 못했으니 체면이 말이 아니었다. 그로서는 제1차 경제개발 5개년계획에 집요하게 매달리는 것 이외에는 달리 방도가 없었다.

　이후 박정희는 23개 부문에 걸친 220개 사업을 일일이 챙겼다. 브리핑 차트를 집무실에 걸어놓고 밤낮없이 군사 작전처럼 밀어붙였으나 그런다고 될 일이 아니었다. 계획 자체도 엉성한데다 돈도 없으니 제대로 되는 일이 없었다. 결국 미국의 종용을 받아들여 목표 성장률 7.1%를 5%로 낮추는 내용을 골자로 실시 1년 만에 계획을 수정해야 했다.

제1차 경제개발 5개년계획의 소득은 성공이 아니라 쓰라린 실패 경험이었다. 박정희는 경제개발 전략의 요체가 무엇이어야 하는지를 수많은 좌절을 통해 학습했고, 나름대로 해법을 찾기 위해 골몰했다. 무엇보다 사업이든 계획이든 자금이 뒷받침되지 않으면 무엇 하나 되는 일이 없음을 절실히 깨달았다. 투철한 사명감과 혁명정신으로 목숨을 걸고 추진하면 안 될 일이 없을 줄 알았는데, 그게 아니었다.

박정희식 경제모델을 만들다

박정희는 학습과 시행착오를 통해 나름대로 자신의 경제관을 정리해 나갔다. 이른바 박정희 경제모델의 윤곽을 잡아나갔던 셈이다.

첫째, 마스터플랜이 있어야 한다고 생각했다. 제1차 경제개발 5개년계획은 잘 모르는데다 서둘다가 망신을 당했지만, 제2차 계획부터는 훨씬 치밀하고 용의주도하게 준비했다. 꼭 5개년계획이 아니라 해도 박정희는 매사에 미리 연구하고 계획해서 일을 추진했고, 일단 시작하면 끝장을 봐야하는 성미였다.

둘째, 어떻게 해서든 수출을 늘려야 하고, 그러려면 공업화에 집중적으로 투자해야 하며, 이 같은 수출 주도형 공업화는 민간에게 맡겨 둘 일이 아니라 정부가 앞장서서 주도해야 한다고 믿었다. 이렇게 해서 소위 '정부-기업의 협업체제', 일종의 파트너 관계가 생겨났다.

셋째, 과감하게 외자도입을 해야겠다는 판단이 섰다. 국내 저축이 부족하므로 공장 설립을 위한 투자재원 확보를 위해 적극적으로 외자를 빌려야 한다는 결론에 도달했다. 특히 국민의 반일 감정을 무릅쓰고 일본으로부터 차관을 추진해야겠다고 마음을 정했다.

넷째, 경제는 경제 논리로 풀어나가야 한다는 믿음으로, 직업관료들이 소신껏 정책을 만들고 실천할 수 있도록 정치권의 개입을 차단시켰다. 대부분의 정책결정 과정에서 국회의원들은 거수기에 불과했고, 대통령의 결재를 받아 직업 관료들이 주도해 나갔다. 경제학자들의 역할도 중요하게 여겼다.

다섯째, 집권 중반기 이후부터 추진한 중화학 공업 육성이다. 북한의 현실적인 위협을 겪으면서 경제 정책 차원을 넘어 안보 차원에서 방위산업을 키운 것인데, 뒷날 한국경제의 경쟁력 업그레이드에 큰 역할을 하게 된다.

그러나 박정희 경제모델, 또는 그의 통치철학을 집권 후의 행적만으로 이해하는 것은 한계가 있다. 경제에 관한 지식이 없었을 때도 일찍이 그는 나름대로 국가경영에 대한 그림이 있었다. 이는 청년 시절 그의 경험과 이력에도 주목할 필요가 있다. 친일 여부를 떠나, 만주군관학교를 다니면서 일본의 만주국 건설 과정을 눈여겨 지켜보았고, 뒤이은 육군사관학교 시절에 일본의 국가 운영을 어깨너머로 관찰했던 것이 두고두고 그의 통치 철학에 큰 영향을 미쳤기 때문이다. 일본이 어떻게 군사강국이 됐으며, 특히 제2차 세계대전의 패전국이었음에도 불구하고 어떻게 경제 대국으로 다시 부상했는지에 대해 관심이 많았다. 이러한 경험은 많은 사람들의 반대에도 불구하고 종합제철 사업이나 중화학공업 추진을 고집하는 결정적인 배경이 됐다. 물론 박정희는 임기 내내 서구식 시장경제를 공부한 경제전문가들을 중용했지만, 자신의 경제철학 밑바닥에는 일본 경제 발전에 대한 통찰이 늘 자리 잡고 있다.

대통령이 되고 나서, 박정희는 독일의 경제발전으로부터 많은 영향을 받았다. 1964년 12월, 박정희는 서독을 방문하면서 전후 서독의 발전상을 직접 보고 많은 것을 깨달았다. 경부고속도로를 건설키로 마음먹은 것도 현지에서 독일의 고속도로인 아우토반을 달리면서 결심한 것이었다.

그러나 박정희 경제모델은 정형화할 수 없는 특유의 리더십과 환경적 요인을 빼놓고는 이해할 수 없다. 정치적 환경, 그리고 박정희의 카리스마적 리더십과 안목에 대한 이해가 전제되어야 한다. 그는 반대에 부딪히면 독재의 힘으로 밀어붙였고, 전문 관료들이 소신껏 정책을 펼 수 있도록 정치적 외풍을 차단시켜 줬다. 정책 토론과정에는 민주적 분위기를 보장해 주는가 하면, 시간을 끌면서 결론이 나지 않을 때는 자신이 결단했다. 흉내낼 수 없는 리더십이었다.

기업을 성장엔진으로 삼다

북한에는 아예 '기업'이라는 것이 없으니 문제가 생기지 않았지만, 남한은 걸핏하면 기업이 도마에 올랐다. 건국 이후 정권이 바뀔 때마다 기업들은 부정축재자로 낙인이 찍히곤 했다. 정권에 정치자금을 제공하고 그 대가로 특혜를 받아 부당하게 돈을 벌었다는 것이다. 당시로써는 정도의 차이일 뿐, 정경유착은 일상적인 현실이었다. 박정희 정권도 기업들의 부정축재 문제를 어떻게 처리할 지로 고민에 빠졌다. 내부에서는 국민정서에 편승해서 기업인들을 몽땅 잡아넣자는 것이 다수의견이었다. 그러나 경제 문제를 생각하면 결코 간단한 일이 아니었다.

이승만 정권이 무너지고 민주당 정권이 들어섰을 때도 똑같이 부정축재자 처리 문제가 요란스럽게 제기되었으나, 막상 시간을 끌면서 흐지부지되고 말았다. 경제제일주의를 내건 장면 정부는 재계 총수들에 대해 처벌은 고사하고, 오히려 그들을 소중한 정책 파트너로 삼았다.

그러나 서슬 퍼런 군사정권은 결코 장면 정부처럼 어물쩍 넘어가지 않을 것으로 보였다. 예상대로 대기업 오너들을 부정축재 혐의로 체포해서 유치장에 잡아넣었다. 마침 도쿄에 머물던 삼성의 이병철만 체포를 면했지만, 현지에서 "모든 재산을 국가에 헌납한다."라는 성명을 발표하지 않을 수 없었다. 살벌한 분위기 속에 기업 활동은 하루아침에 얼어붙었다.

그러나 박정희는 주변 예상과는 달리 하루아침에 태도를 바꿨다. 도쿄에서 귀국하는 이병철을 체포하기는커녕, 호텔 방으로 정중히 모셔서 그의 의견을 경청했다. 더구나 "기업인들을 부정축재로 처벌하기보다는 경제재건에 활용해 달라."라는 이병철의 건의를 흔쾌히 수락하고 유치장에 가뒀던 기업인들을 모두 풀어줬다. 사회정서를 좇아 기업인들을 감옥살이시키는 것이 능사가 아니고, 그들로 하여금 공장을 짓게 해서 나라에 바치게 하는 편이 더 났지 않겠느냐는 이병철의 설득이 통했던 것이다. 박정희의 결단은 뜻밖이었다.

이날 이후 기업인들은 박정희 정부의 적극적인 협력 파트너로 자리매김했다. 기업들은 시멘트·제철·비료·나일론 등 주요 기간산업 건설을 정부에 건의하는가 하면, 재산몰수 대신 기업들마다 각자 공장을 지어 국가에 헌납하는 방안을 추진했다. 박정희 정권과 대기업의 밀월이 시작되었던 것이다.

기업인에게 배울 것이 많다고 여겼던 박정희는 김용완·전택보·정인욱·이병철 등 재계 인물들과 수시로 만나 의견을 경청했고 대접도 정중했다. 박정희는 기업인에게 배울 것이 많다고 여겼다. 그러나 박정희가 기업인들의 말을 무작정 따랐던 것은 아니다. 금융까지 기업한테 맡겨서는 안 된다고 생각했다. 전임 대통령 이승만은 금융질서가 더 엉망이었음에도 정부가 보유하던 은행 주식을 기업에 팔아서 일찍이 은행을 민영화시켰으나, 박정희는 반대로 은행들을 다시 정부소유로 만들어 버렸다. 은행 민영화에 대한 부정적 생각은 집권 내내 계속되었다.

아무튼 박정희가 대기업 중심의 경제개발 전략을 선택한 것은 집권 직후부터였다. 이때는 1인당 국민소득이 100달러에도 못 미치는 보잘 것 없는 '냄비 경제'였고, 열 손가락이면 충분한 몇몇 기업들이 산업 전체를 끌어갈 때였다. 박정희는 대기업 총수들과 자주 만났고, 중요 정책을 결정할 때는 사전에 이들의 의견을 들어 보는 경우가 많았다.

그러나 시간이 지나면서, 배우는 자세로 일관하던 박정희는 기업들을 완전히 장악하는 쪽으로 바뀐다. 박정희는 스스로 프로젝트 매니저 같은 역할을 맡기도 했는데, 이때는 특정 기업 총수를 불러서 직접 담판을 벌이기도 했다. 경부고속도로 건설을 결심하고서는 현대건설 회장 정주영을 불러 사업성과 건설비용을 계산해오라고 지시했던 것이 대표적인 예다.

박정희는 결국 정부가 뜻하는 대로 경제개발을 서둘러 끌고나갈 기관차 역할을 기업에 맡길 수밖에 없다는 결론에 도달했다. 기업들로부터 필요한 집권 비용, 즉 정치자금을 수월하게 조달할 수 있었던 것은 자연스러운 부수 효과였다.

대통령과 재계의 관계는 여러 변화가 있었으나 기본적으로는 집권 내내 같은 맥락에서 지속되었다. 박정희의 전폭적 지지 없이는 한국기업을 생각할 수 없듯이, 박정희 경제 또한 기업의 활약 없이는 생각할 수 없다. 정부와 기업의 파트너십은 개발연대의 한국경제를 도약시킨 박정희 경제모델에서 가장 핵심적인 성장 엔진이었다.

하늘이 검은 연기로 뒤덮이기를……

울산 시내 한가운데에 있는 로터리 기념탑에는 이런 문구가 새겨져 있다.

"황량한 벌판에 기계음이 가득 차고, 이 하늘이 검은 연기로 뒤덮일 때 우리는 가난에서 벗어날 것입니다."

이 문구는 1962년 2월에 울산공업단지 기공식에 참석한 박정희가 연설한 구절이다. 이 말대로라면 박정희는 한국의 하늘이 맑은 공기가 아니라 매연으로 뒤덮인 새까만 하늘이 되길 기원했던 셈이다. 이건 대통령 혼자만의 생각이 아니었다. 당시 서독이나 영국의 유명 공업지역을 견학하고 돌아온 사람들은 그곳의 하늘이 대기 오염으로 거무튀튀한 것을 보고 울산의 하늘도 그렇게 되어야 일류 공업단지가 되는 줄 알았던 것이다. 당시 상황에서는 경제개발이나 환경문제에 대한 우리의 인식이 그럴 수밖에 없었고, 산업화가 그만큼 절박했다.

제1차 경제개발 5개년계획을 추진하기 시작하면서 박정희의 머릿속에는 '공업화가 우선'이라는 공식이 확실하게 자리 잡았다. 문제는 실천이었고, 해법은 기업들을 앞장세우는 것이었다.

재계도 부정축재 처리로 감옥살이하는 대신 공장을 건설해서 헌납하겠다는 약속까지 한 마당이었으므로 몸을 사릴 처지가 아니었다. 전국경제인연합회(전경련)의 전신인 한국경제인협회가 서둘러 만들어졌는데, 그 배경에는 정부의 입김이 작용했다. 초대 회장은 이병철이 맡았고, 창립회원은

울산공업단지 기공식(1962년 2월)

부정축재로 구속되었던 이정림, 설경동, 박흥식, 최태섭, 구인회 등 당시 한국 재계를 대표하던 12명으로 짜였다. 이 협회는 단순한 재계 오너들의 친목 단체가 아니라, 정부 요청에 따라 만들어진 준 공공기관 성격을 띠고 출범한 것이다.

한국 최초의 울산공업단지가 탄생하게 된 것도 협회를 중심으로 한 재계의 건의로 성사된 것이었다. 당시만 해도 '공업단지'라는 용어 자체가 낯설었다. 국내 어디에나 공장 지을 땅을 널려 있는 판에 굳이 번거롭게 특정 단지를 따로 만들 필요가 있느냐는 정부 내 반론도 만만치 않았다. 따라서 공장을 돌리는 데 필요한 전기, 용수, 수송, 노동력 등을 감안할 때 여러 공장을 한군데로 모아 건설하고 운영하는 것이

유리하다는 것을 군부 실세들을 상대로 설득해야 했다.

이 과정에서 경제인협회는 미리 정유, 제당, 제철, 시멘트, 비료, 나일론, 플라스틱, 전기기기, 케이블 등 중화학 공장 설립을 계획했다. 이 같은 내용은 '부정축재자로 지목된 기업인들이 처벌 대신 공장을 건설해 국가 경제건설에 참여한다.'라는 군부와의 약속대로였다. 물론 이 약속이 제대로 지켜지지는 않았으나 기업 중심의 공업화 전략이 본격화되는 중요한 계기가 되었다.

재계 주장의 핵심은 한국경제를 살리는 길은 공장을 지어 수출로 달러를 벌어들여야 하며, 공장건설에 필요한 자금과 기술은 밖에서 빌려 오거나 사와야 한다는 것이었는데, 박정희는 재계 요구를 그대로 받아들였다. 이는 곧 농업을 뒤로 하고 공업 우선의 불균형 성장 정책을 선택하는 것을 의미했다.

수출만이 살 길이다

박정희 정부가 처음부터 수출에 올인할 생각은 아니었다. 1960년대 초반만 해도 나라를 통틀어서 수출에 대해 잘 아는 사람도 찾기 어려웠다. 비행기를 타고 외국에 나가는 것 자체가 하늘의 별 따기였던 때였다. 그나마 일부 기업인들이 해외출장으로 바깥세상 동향을 접하는 것이 고작이었다.

국제적인 경제 전문가들도 대부분 후진국들은 섣불리 수출 정책을 펼 게 아니라 달러를 절약할 수 있도록 수입대체 산업을 먼저 일으켜야 한다고 주장했다. 수입품을 국내에서 만들어 외화를 아끼고 내수시장도 점진적으로 키워나가야 한다는 것이다.

제1차 경제개발 5개년계획의 핵심 내용이 바로 수입대체 산업 중심의 산업화 전략이었다. 되기만 하면 달러도 덜 쓰고 내수 시장도 키울 수 있으니 이보다 좋을 수 없었다. 그러나 기대했던 수입대체산업 추진은 되는 것이 없었다. 기술도 없는데다 외자 유치에 실패하는 바람에 대부분의 계획을 시작도 못 해보고 접어야 했다. 공장을 짓는다 해도 국내 시장이 협소해 애초부터 성공할 수 없는 일이었다.

제1차 경제개발 5개년계획의 좌절이 박정희를 수출지상주의자로 만들었다. 그는 시간이 갈수록 수출만이 살 길이라는 쪽으로 생각을 굳혔다. 자원도 없고 돈도 없는 상황에서 한국경제가 먹고 살 길은 어떻게 해서라도 밖에 나가서 달러를 벌어들여야 한다는 결론에 도달한 것이다.

박정희가 수출 드라이브를 본격적으로 시작한 것은 군복을 벗고 정식으로 대통령 자리에 앉게되는 1963년부터였다. 그는 수출에 도움이 된다면 무슨 정책이든 가리지 않고 동원했다. 그러나 자원도, 자금도, 기술도 없이 다른 나라와 경쟁해서 수출을 늘린다는 것은 의욕만으로 되는 일이 아니었다. 유일한 자원은 값싼 노동력과 정부의 정책 지원뿐이었다. 박정희는 달러 당 환율을 130원에서 단번에 255원으로 올리고, 수출 제품의 원자재에는 세금도 면제했으며, 수출을 많이 하는 기업에 장려금도 지급했다. 수출한다는 서류(신용장)만 있으면 무조건 은행 대출을 해줬다. 이렇게 해서 1964년에 드디어 수출 1억 달러를 기록했다.

정권 말기를 제외하면, 수출 지상주의는 박정희 정권 내내 경제 정책의 핵심이요 중추적인 역할을 했다. 주무부 장관도 추진력을 으뜸으로 따져서 앉혔다. 심복이었던 국세청장 이낙선을 상공부 장관에 보낸 것도 세금을 걷듯이 수출도 수단과 방법을 가리지 말고 밀어붙이라는 의도였다.

관치금융, 정책금융의 대표선수가 수출금융이었다. 당시 일반 시중금리는 30%였는데, 수출금융 금리는 절반 이하로 특혜를 줬다. 한국의 은행들은 수출 지원을 위해서 존재한다고 해도 과언이 아니었다. 수출 뒤치다꺼리를 하다 보니 금융시장이 왜곡되는 등 부작용도 많았다.

아무튼 수출은 곧 성장이요 선(善)이었으며, 수출을 많이 하는 기업이 곧 훌륭한 기업이었다. 대통령이 매달 주재하는 수출진흥확대회의에는 빠짐없이 수출 기업의 성공 사례가 보고됐고, 여기서 한번 칭찬받은 기업은 팔자를 고쳤다. 무역회사에 취직하면 장가도 잘 갔다. 대부분의 새 일자리도 수출이 만들어 내는 것이었고, 재벌의 급부상도 수출을 통해 가능했다. 와이셔츠 수출로 시작해서 세계시장을 누비는 대재벌로 성장한 김우중의 대우가 대표적인 케이스다.

이렇게 해서 수출은 1억 달러를 달성한 지 6년 만인 1970년, 대망의 10억 달러를 돌파했다. 여기에 멈추지 않고 70년대 들어와서는 중화학공업 육성을 통해 100억 달러 수출을 목표로 내걸었고, 이를 3년 앞당긴 1977년에 달성해 보였다. 이 같은 수출지상주의는 무리와 억지가 많았음에도 불구하고 40% 안팎의 수출 증가율을 지속했다.

박정희의 수출 드라이브는 정권 내내 지속되다가 막판에 와서야 제동이 걸린다. 갖가지 부작용과 폐단 때문이었다. 수출은 한국경제의 먹고 사는 문제를 해결해 주는 돌파구였던 동시에, 다른 한편으로는 인플레이션과 집값 폭등 등 심각한 부작용을 만들어내기도 했다. 수출기업은 경제의 1등 공신이었으나, 불황에 빠져드니 부실의 원흉이 되었다. 더구나 싼 금리를 악용해서 수출은 뒷전이고 그 돈을 빼돌려서 돈놀이를 하거나 부동산 투기를 일삼는 기업이 생기는 등 사회적 지탄의 대상이 되기도 했다.

결국 제2차 석유파동과 세계적인 불황 속에 박정희 대통령은 어쩔 수 없이 수출지상주의를 수정하기 시작했다. 16년 동안이나 지속했던 금융 특혜를 대폭 폐지하는 것을 골자로 하는 이른바 '안정화 정책'으로 노선을 전환한 것이다.

외채 흥국론

정부 차원에서 대한민국에 처음 돈을 빌려 준 나라는 미국이 아니라 서독이었다. 1962년, 서독이 1억 5,000마르크(4,000만 달러 상당)를 빌려 준 것이 처음이었다. 미국은 막대한 원조로 한국경제의 젖줄 노릇을 해 왔으면서도 돈을 빌려 주는 것에는 매우 깐깐했다. 원조해 주는 나라에는 차관을 주지 않는다는 명분론도 있었지만, 박정희 정부에 대한 불신도 작용했다. 쿠데타를 일으킨 것을 탐탁지 않게 여겼을 뿐 아니라, 박정희의 경제개발 계획을 기본적으로 신뢰하지 않았던 것이다. 한 푼의 외화가 아쉬운 터라, 박정희는 일본에도 차관 교섭을 시도해봤으나, 일본은 "국교가 없는 나라한테는 돈을 빌려 줄 수 없다."라며 외면했다.

사실 박정희의 사업 계획은 무리한 것들이 많았다. 수많은 공장 건설을 계획했지만 최소한의 타당성 검토도 없었다. 외국 전문가들뿐만 아니라 국내 여론도 외자도입에 부정적이었고, 외국인 투자를 유치하는 기업들을 '나라를 팔아먹는 매판자본'이라고 몰아붙이는 정서가 강했다.

정부가 외국에서 돈을 빌리는 것도 어려운데, 한국 기업이 자체 신용만으로 외국 차관을 빌려 오는 것은 오죽 더 어려웠겠는가. 이 같은 상황에서 1962년, 박정희는 개별 기업의 외자도입에 대해 정부지급보증을 결정했다. 만약 기업이 빌린 돈을 제때 못 갚을 경우 정부가 대신 갚는다는 약속을 외국은행한테 한 셈이다. 합리적인 판단이라기보다는 일종의 도박이었지만, 외국 돈을 빌려 사업을 벌이기 위해서는 달리 방도가 없었다.

제1차 경제개발 5개년계획의 차질이 자금 조달의 실패에서 비롯된 것임을 통감한 박정희로서는 어떤 위험 부담을 감수하더라도 외자도입을 적극적으로 추진해야 한다는 확신을 갖게 됐다. 박정희는 이 작업의 선봉장으로 '불도저'라는 별명을 지닌 장기영을 경제사령탑(부총리겸 경제기획원 장관)에 앉혔다. 장기영은 대통령의 절대적 신임 속에 거침없이 '차관 흥국론'을 실천에 옮겼으며, '빚도 자산'이라면서 외자 도입은 많을수록 좋다고 독려했다.

장기영은 특히 일본에서 돈을 끌어 오는 일에 몰두했다. 그는 "한일 국교정상화를 통해 일본 자본을 도입해서 그것을 밑천으로 고도성장을 이룩하는 것이 나의 정책기조"라며 일본의 실력자들과 막후교섭을 직접 주도했다.

1965년 6월, 드디어 정부는 일본과 국교정상화가 우여곡절 끝에 이뤄지면서 유상·무상을 합쳐서 5억 달러를 받기로 매듭지었다. 정치적 평가는 따로 하고, 청구권 자금 5억 달러의 의미는 당시 한국 수출 규모가 1~2억 달러 수준이었고, 일본의 외환보유고가 14억 달러 수준이었음을 감안할 때 결코 작은 돈은 아니었다.

일본 자금이 들어오자 국제금융시장의 분위기는 확 달라졌다. 일본 자금뿐 아니라, 다른 나라 돈을 빌리기도 그전보다 한결 수월해진 것이다. 때마침 베트남전쟁에 참전하면서 한국의 국제신인도는 현저하게 개선되었다.

차관 규모는 급격히 불어났다. 1959~1966년까지 8년 동안의 차관 규모는 외자도입 금액을 모두 합쳐 3억 2,500만 달러에 불과했던 것이 1967년에 2억 3,000만 달러, 1968년에 3억 3,860만 달러, 1969년 5억 5,000만 달러로 급증했다.

외국 자본이 들어오자 정부 입김은 부쩍 강해졌다. 빚보증까지 하서면서 기업의 후견인 역할을 했으니 관치의 힘은 당연히 막강해질 수밖에 없었다. 특히 경제기획원, 재무부, 상공부 등이 중심이 되어 정부 추진 사업뿐 아니라 민간사업의 수입허가, 대출한도, 세금감면 문제 등에도 일일이 개입했다.

재원조달에 자신이 생긴 경제기획원은 1967년부터 시작한 제2차 경제개발 5개년계획의 성장률 목표를 연평균 7%로 잡았는데, 이때도 세계은행과 미국 전문가들은 과도한 목표라며 고개를 내저었다. 하지만 5년간의 실적치는 연평균 10%를 기록했으며, 베트남 특수까지 불어 수출은 폭발적으로 증가했다.

그러나 아무리 좋은 취지라도 무리한 정책 추진의 부작용이 왜 없었겠는가. 외국자본이 들어와 경제는 눈에 띄게 성장했지만, 세계경제가 불황에 빠지면서 드디어 탈이 났다. 이른바 차관기업들이 무더기로 망하는 사태가 벌어진 것이다. 외국 돈을 잔뜩 빌린 처지에 환율과 금리가 오르자 차관기업들은 부실해지고 곧바로 거래 은행들까지 연쇄 도산 위기에 처했다. 급기야 청와대가 직접 부실 정리에 나서 전체 차관기업 83개 가운데 무려 30개를 한꺼번에 도산시켰는데, 이 중에는 한국 수출산업의 선구자로 존경받던 천택보의 천우사도 포함되었다.

기업도 기업이지만, 외국 빚에 의존하는 나라 경제도 건전할 리 없었으며, 정경유착과 부정부패 등 비리문제는 언론비판의 단골 메뉴로 자주 등장했다. 무슨 사업을 벌이든 외자를 끌어 쓸 수 있는 것 자체가 엄청난 특혜였으므로 공정한 집행을 기대하기 어려웠다. 따라서 기업은 외자 도입 승인에 사활을 걸었고, 승인을 받은 기업은 으레 도입 금액의 10~15%

를 정부나 여당에 정치자금으로 내는 것이 관례였다.

물론 공식적으로는 경제기획원 장관이 주재하는 '외자도입심의회'에서 차관 도입 여부를 결정했으나 정치적 판단이 우선이었다. 실제로 차관 도입 결정은 당시 장기영 부총리, 이후락 청와대 비서실장, 김성곤 공화당 재정위원장, 그리고 김형욱 중앙정보부장(지금의 국가정보원장) 등 4인 회의에서 결정했다. 심지어 어떤 경우는 김형욱 중앙정보부장이 경제기획원 담당국장에게 전화로 호통을 치면서 차관 도입 승인을 재촉하는 일도 있었다. 대통령 박정희가 외자도입을 둘러싸고 이 같은 정치적 개입과 비리가 횡행하고 있음을 모를 리 없었다. 그러나 박정희는 부정부패 여부보다 외자를 들여와서 공장이 제대로 지어지고 있느냐가 주된 관심사였다.

베트남 참전이 가져다준 국제화

나라에도 운(運)이라는 것이 있는 것일까. 베트남 참전이 한국경제, 특히 수출의 물꼬를 트는 데 결정적이 역할을 할 줄을 누가 알겠는가. 베트남전쟁은 마치 일본 경제부흥에 6·25전쟁이 지대한 영향을 준 것과 같았다.

베트남전쟁에 한국군을 파병한 것은 1965년 미국의 요청으로 이뤄진 것이지만, 원래 쿠데타 직후인 1961년에 박정희가 방미 중 미국 측의 환심을 사기 위해 베트남에 부대를 파병할 용의가 있음을 먼저 밝혔었다. 미국에서는 아무 반응이 없었지만, 전쟁이 어려워지자 비로소 정식으로 한국 정부에 파병을 요청해 왔던 것이다.

당시 국내에는 베트남 파병에 반대가 많았다. 야당은 "군부독재가 젊은이들의 피를 판 대가로 권력을 유지하려 한다."라고 맹렬하게 비판했다. 대부분의 지식인들도 파병에 반대했다. 실제로 베트남전쟁에 참전한 한국군 중 4,600여 명이 전사하는 등 상당한 희생이 있었다. 그러나 이것이 한국경제의 도약에 기여한 경제적 효과는 실로 대단했다.

우선 베트남 참전을 계기로 비행기를 타고 외국 가는 한국인의 숫자가 확 늘어났다. 파병되는 군인은 물론이고, 일반인들이 일자리를 얻어 집단적으로 공항을 들락거리는 일 자체가 처음이었다. 파격적인 국제화의 시작이었다.

가장 확실한 소득은 한국군의 현대화였다. 그동안 국방 예산을 미국 원조에 크게 의존해 왔지만, 무기나 화력 면에서 북한에 한참 뒤지고 있었다. 북한군은 개인 기본 무기가 자동 소총이었던 데 반해 한국군은 제2차 세계대전 때 쓰던 구식 소총을 그대로 쓰고 있었다. 그랬던 것이 베트남 참전을 계기로 한국군의 봉급부터 복장, 무기, 병참 등 모든 비용을 미국 정부가 부담하면서 무기 체계와 병참 일체가 미국

군대 기준으로 단번에 개선되었다. 파병 조건 자체가 한국군의 봉급부터 복장, 무기, 병참 등 모든 비용을 미국 정부가 부담키로 되어 있었다. 중요한 것은 베트남에 참전하는 파병 장병뿐만 아니라 국내의 한국 군대에도 신무기가 지급되면서 한국은 엄청난 규모의 국방 예산을 간접적으로 절약할 수 있었다.

베트남 파병 이후 보잘 것 없던 수출은 내용이나 규모 면에서 모두 달라졌다. 인력 진출이 최고에 달했던 1969년에 해외 진출 인력은 1만 5,500명이 넘었고, 베트남 진출 기업도 최고 79개 업체에 달했다. 한진 그룹은 당시 베트남에 미군 군수물자를 실어 나르는 수송업을 발전시켜 항공산업까지 뛰어들면서 오늘의 대한항공으로 발전했다. 훗날 중동에서 소위 대박을 터뜨린 해외건설도 우물 안의 개구리에 불과했던 국내 건설업체들이 베트남 전쟁터에서 기초 실력을 닦은 덕택이었다. 그전 같으면 국제 입찰에 끼어들 엄두도 내지 못했던 일이다.

100만 달러만 수출해도 주목받던 시절, 베트남 참전을 계기로 수출 금액의 단위도 달라지기 시작했다. 달러뿐 아니라 군인과 해외 공사에 파견되는 노동자의 봉급 그리고 기업들의 현지 사업 수익 등을 모두 합치면 베트남 전쟁 중에 벌어들인 돈은 10억 달러가 넘었다. 현금 반입, 군수품 편법 반입 등 비공식적인 금액을 포함하면 한국의 경제적 소득은 공식 집계보다 훨씬 더 컸다. 이 같은 달러벌이는 이후 경제개발 계획을 추진하는 데 주요 재원이 됐다.

박정희 정권이 올린 또 다른 소득은 베트남 참전을 계기로 껄끄러웠던 미국과의 관계도 호전되었다는 점이다. 미국이 박정희 정권에 대해 호의적으로 바뀌었고, 수출 또한 잘되는 바람에 국제 신인도는 부적 상승했으며, 돈 빌리기도 수월해지고 적용되는 금리도 한결 낮아졌다.

포항제철과 경부고속도로 건설

포항제철과 경부고속도로 건설은 박정희 경제를 '산업혁명'이라고 부를 수 있는 가장 상징적인 사업이었다. 그럴 만한 이유가 충분하다. 첫째, 쇠를 만들어 내는 제철사업과 물류를 신속하게 하는 고속도로 건설은 한국경제의 기본 틀을 완전히 바꿔 놓았기 때문이다. 둘째, 두 사업 모두 국내 지식인들은 물론이고 외국의 전문가들까지 맹렬히 반대했던 것인데, 박정희의 집념과 뚝심으로 밀어붙여서 성사시켰던 것이다.

두 사업을 성사시키기 위해 박정희는 수단과 방법을 가리지 않았다. 대체 그는 무슨 생각으로 숱한 반대와 난관에 흔들리지 않고 소신을 관철시켰던 것일까. 당시로써는 경제 논리나 상식으로는 도저히 무리인 일이었음에도, 그것을 성공시킬 수 있었던 핵심 동력은 과연 무엇이었을까.

포항제철

포스코(POSCO)의 전신인 포항제철 건설을 본격적으로 추진한 것은 1967년이었으나, 박정희의 종합제철소 건설 꿈은 그보다도 훨씬 전으로 거슬러 올라간다. 박정희는 집권 직후부터 직간접으로 기업인들에게 제철 사업을 촉구했다. 철을 만드는 능력이 있는 나라와 그렇지 못한 나라의 차이를 그는 일찍이 알고 있었다. 아무튼 박정희의 이 같은 의중이 반영되어 쿠데타 이듬해인 1962년 4월, 그는 재계 핵심인물 중 하나인 이정림에게 '한국종합제철주식회사'를 설립하도록 했으나 미국 측의 반대로 무산되고 말았다. 미국 전문가들은 한국이 제철사업을 한다는 것은 애당초 불가능하다고 본 것이다.

두 번째 시도는 1965년이었다. 반대를 무릅쓰고 독자적으로 제철소를 차리려면 기술도 중요하지만, 더 중요한 것은 자금 확보라고 박정희는 판단했다. 그래서 1967년에 만든 것이 대한국제제철차관단(KISA; Korea International Steel Associates, 對韓國際製鐵借款團)이었다. 한국정부가 직접 나서서 자금을 조달하는 게 힘들었기 때문에 국제적 기업 18개로 구성한 국제차관단을 내세워 투자 유치를 벌이겠다는 의도였다.

그러나 KISA 역시 실패했다. 세계은행과 미국 수출입은행은 고개를 돌렸고, 영국·서독·프랑스·이탈리아 등과 차관 교섭을 벌였지만 어느 나라도 동조해 주지 않았다. 한국은 종합제철사업을 감당할 능력이 없다는 것이 국제전문가들의 일치된 견해였다. 제2차 세계대전 이후 인도, 터키, 멕시코, 브라질 등이 100만 톤 규모의 종합제철 사업을 벌였으나 성공하지 못했다는 선례도 불리하게 작용했다.

심지어 세계은행의 유진 블랙 총재는 당시 총회 연설에서 "개발도상국들의 고속도로 건설이나 종합제철 사업 추진은 국가원수의 기념비 건립이나 다름없다."라며 비아냥거렸다. 이는 한국 정부의 과욕을 두고 한 말이었다. 한국의 경제개발을 도와주는 기관인 대한국제경제협의체(IECOK: International Economic Consultative Organization for Korea, 對韓國際經濟協議體) 회의에서도 세계은행은 한국의 종합제철 사업을 정식으로 반대했고, 한 달 뒤 미국 수출입은행도 경제성이 낮다는 이유로 차관 제공을 거부했다.

서방 세계에서 제철사업 자금을 마련하는 것이 불가능해진 박정희의 선택은 이제 일본뿐이었다. 결국 1968년, 한일 정기 각료회담을 통해 자금지원을 요청했으나 일본 정부의 반응 또한 냉담했다. 오히려 마사요시 일본 통산성 장관은 "일본에서 철을 국제가격으로 수입해서 쓰는 것이 한국경제를 위해서라도 바람직하다."라며 한국정부의 제철사업계획을 반대했다. 세 번째 시도 역시 실패한 셈이다. 외자로 종합제철소를 건설하는 방안은 실현 불가능한 것으로 결론이 난 것이다.

이제 남은 선택은 정부의 외환보유고를 쓰거나, 아니면 일본과 국교를 맺으면서 청구권 자금으로 받기로 한 돈밖에는 없었다. 그러나 일본의 청구권 자금을 쓰기도 쉬운 일이 아니었다. 농업용수개발이나 농업기계화 등에 쓰도록 사용처가 제한되어 있었기 때문에 그 돈을 제철소 짓는 데 쓰려면 일본이 동의해줘야 했다.

박정희의 각별한 신임을 받았던 부총리 겸 경제기획원 장관 김학렬은 일본을 오가며 어렵사리 일본을 설득했다. 그 결과 모두 1억 1,948만 달러의 청구권 자금을 포항제철 건설에 동원할 수 있었다. 청구권 자금 5억 달러의 24%를 제철소 건설에 쏟아 부은 셈이다.

1970년 4월에 착공한 103만 톤 규모의 포항제철 본 공장은 1973년 7월에 준공됐다. 정부의 역할은 공장 짓는 일로 끝나지 않았다. 정부는 공장 진입로부터 철도, 항만시설, 공장용수에 이르기까지 사회간접자본 일체를 정부 예산으로 사용했다. 뿐만 아니라 포항제철의 이자 부담을 덜어 주기 위해 은행대출금을 몽땅 주식으로 전환시키는 일도 마다하지 않았다. 억지로 회계장부상의 이익을 만들어 준 것이다. 반면에 정부 지시로 이자를 못 받게 된 은행들은 말만 주주였을 뿐, 배당금 또한 10년 이상 한 푼도 받지 못했다. 이익이 남는데도 배당해야 할 돈까지 추가 투자를 위해 모두 사내유보금으로 돌린 것이다. 당시 기준으로는 최소한 300만톤 규모는 돼야 수지를 맞출 수 있는 종합제철 사업이었건만, 박정희는 이런 식으로 밀어붙여 오늘의 포스코를 이뤄낸 것이다. 돌이켜 보면 박정희는 포스코의 창업자이자 실질적인 CEO였고, 박태준은 운영을 책임진 COO, 김학렬은 자금조달을 감당한 CFO 역할을 한 것이다.

경부고속도로

경부고속도로 건설도 박정희의 결심 없이는 있을 수 없었다. 박정희 정권이 들어선 이후 수많은 계획이 만들어졌으나 서울-부산에 고속도로를 뚫는다는 것은 어디에도 없었다. 1965년 정부가 의뢰하고 국제부흥개발은행(IBRD: International Bank for Reconstruction and Development)이 만든 용역보고서에서도 서울-부산간 고속도로 건설에 관한 언급은 전혀 없었다. '향후 10년간의 교통대책 건의'라는 문서에도 마찬가지였다. 경제성장으로 물동량이 늘어날 것에 대비해서 기존의 철도 중심 수송망을 도로 중심으로 바꿔 나가도록 하는 정도였다.

정부의 경부고속도로 건설 구상이 밝혀지자, 포항제철 건설 때와 마찬가지로 국내 언론과 국제기구 전문가들이 강력하게 반대하고 나섰다. 김대중을 비롯한 야당 지도자들은 "자가용 부자들의 전용도로 건설을 위해 쌀농사를 둘러 엎어버리고, 혈세를 낭비하려 한다."라며 대통령을 비난했고, 많은 사람이 박정희 정권의 '정치적 쇼'라고 여겼다.

심지어 경제개발의 선봉에 서왔던 경제기획원이나 건설부 내부에서조차 반대가 많았다. 정부 예산이 1,500억 원 규모인 상황에서 전체 예산의 1/3이나 들여서 고속도로를 건설한다는 것은 경제를 좀 안다는 사람이면 도저히 이해할 수 없는 일이었다. 더구나 당시 3선 개헌과 연계시켜 '한 건 하려 한다.'라는 정치적 해석 또한 상당한 설득력이 있었다.

국제기구 전문가들은 하나같이 "설계나 기술적인 지원은 몰라도 자금 지원은 할 수 없다."라는 입장을 밝혔다. 이 같은 반대에 부딪혀 경부고속도로뿐 아니라 대전-전주간 호남고속도로, 신갈-새말간 영동고속도로 또한 외자(IBRD 차관)를 끌어들이지 못했다. 외국의 전문가들은 대부분 "고속도로를 무리하게 만들게 아니라, 기존 국도를 고치고 확장하는 편이 낫다."라든지, "남북을 연결하는 길보다는 동서를 연결하는 길을 만드는 것이 우선"이라고 조언했다.

그럼에도 불구하고 박정희는 밀어붙였다. 도대체 경부고속도로 건설에 대한 그의 집념은 어디서 비롯된 것일까. 원래 박정희의 고속도로 구상은 1964년 12월에 서독 뤼프케 대통령 초청으로 서독을 방문했을 때 세계최초의 고속도로인 아우토반을 달렸던 경험에서 출발했다. 박정희는 서독 관계자에게 아우토반 건설과 관리방법, 소요 비용과 건설 기간, 동원된 건설 장비 등을 세세히 물었고, 한국도 이런 고속도로를 뚫어야겠다고 생각한 것이다. 그러나 이번에도 문제는 돈이었다. 막대한 자금을 댈 방도가 마땅치 않아 엄두를 내지 못하고 있었다.

뜸을 들이던 박정희는 1967년 11월, 청와대 회의를 소집한 자리에서 건설부 장관에게 경부고속도로 건설을 지시하면서 자신이 직접 진두지휘에 나섰다. 외자조달이 불가능하니 결국 정부 예산으로 감당하는 것을 원칙으로 삼고, 일부는 포항제철 때처럼 일본 청구권 자금을 끌어 쓰도록 했다.

박정희는 일단 결심이 서자 거침이 없었다. 마침 청와대 경제수석으로 대통령의 의중을 꿰뚫고 있던 김학렬이 경제부총리가 되면서 경제기획원 예산실을 몰아치며 신속한 예산 배정을 지휘했다. 고속도로 관련 예산은 신청 즉시 돈이

나갔다. 심지어 정부 한해 예산안이 국회에 제출된 상태였는데도 "전 부처 예산을 일괄적으로 5%씩 삭감해서 고속도로 예산에 보태라."라는 대통령의 엄명이 떨어졌다. 행정 절차나 국회 권위 따위는 안중에도 없었다. 경부고속도로 건설은 경제개발 5개년계획에도 없었던 즉흥 계획이나 다름없었다.

박정희는 거의 모든 것을 직접 챙겼으며, 우선 돈이 얼마나 들지 계산서부터 뽑았다. 건설부, 재무부, 서울시, 육군공병감실, 현대건설 등 5군데에 각각 추정 건설비를 요청했고, 그것을 토대로 '330억 원'의 총 소요예산을 자신의 판단으로 최종 확정했다.

박정희에게 경부고속도로 건설은 일종의 군사작전이었다. 공사는 현대건설을 비롯한 건설회사에 맡겼으나 공사 현장 총괄 사무소장에는 공병 출신 토목전문가인 허필 예비역 육군소장을 앉혔다. 또한 구간별 감독요원 자리도 공병장교들에게 맡겼고, 난공사 구간 공사에는 육군 공병들이 직접 투입됐다.

포병 장교 출신인지라 독도법에 능한 박정희는 지도를 직접 보며 노선 결정부터 용지 매입 문제까지 진두지휘했다. 심지어 시중 은행장들을 몰래 소집해서 정부가 수용해야 하는 땅 시세를 알아보는가 하면, 매입가격까지 지시했다. 현대건설 회장 정주영의 회고가 당시 분위기를 짐작케 한다.

"박정희 대통령은 침실 머리맡에 공사 진척 상황표를 붙여 놓고 매일 전화로 체크하면서 헬리콥터나 자동차로, 경호도 없이 혼자서 공사 현장을 돌아보곤 했다. …… 대통령은 시도 때도 없이, 한밤중이건 새벽이건 나를 불렀다. 식사도 함께 많이 했고, 막걸리도 많이 마셨다."

이렇게 해서 1970년 7월 7일, 착공 2년 5개월 만에 417Km의 경부고속도로가 개통됐다. 소요비용 총 429억 원으로 킬로미터 당 1억 원 정도가 들어간 셈이다. 이 비용은 일본의 고속도로 건설에 비하면 1/8 정도에 불과했다.

그러나 저비용으로 서둘러 건설하는 바람에 날림 공사가 많았다. 야당에서는 "고속도로가 누워 있으니 다행이지, 아파트처럼 세워졌다면 벌써 무너져 내렸을 것"이라며 비판했다. 박정희는 이런 비판에 눈도 깜짝하지 않았다. "선 개통, 후 보수"를 원칙으로 밀어붙였던 당연한 결과였다.

빚을 동결시켜 기업을 살리다

수단과 방법을 가리지 않았던 1960년대의 기업 지원으로 국내 경기는 결국 탈이 나고 말았다. 국제 경기가 불황에 빠지고 수출이 위축되면서 급기야 기업들의 무더기 도산 위기로 빠져들게 된다. 그렇지 않아도 1968년, 청와대 주도로 30개 차관업체를 무더기 도산시켰음에도 상황은 더 악화됐다. 과잉투자로 재고는 쌓이고 금리부담은 눈덩이처럼 불어났다. 자금난에 몰리는 기업들은 빚을 내서 빚을 갚아야 했으나 그나마 은행 대출을 받는 것은 낙타가 바늘구멍에 들어가는 것처럼 어려웠다. 대기업들조차 연 40~50%의 고리 사채를 얻었다. 이런 고금리를 감당하면서 살아남을 기업이 세상 어디에 있겠는가. 그런데 문제는 이런 기업이 한두 개가 아니었다. 대기업일수록 빚은 더 증가했다. 경제 전체가 완전히 거덜날 지경에 이른 것이다.

마침내 전경련 회장 김용완이 박정희 대통령을 찾아가 특단의 구제 조치를 취해 달라고 매달렸다. 기업들의 고리사채를 통째로 동결시켜 달라는 것이었다. 이대로 두면 살아남을 기업이 하나도 없다고 호소했다. 하지만 개인 기업의 빚을 정부가 나서서 강제로 동결시키는 것은 상식적으로 있을 수 없는 이야기였다. 정부 안에서는 "기업에 대한 지나친 특혜일뿐더러, 명색이 시장경제를 하겠다는 나라에서 어떻게 정부 마음대로 개인의 사유재산권을 정면으로 침해할 수 있느냐."라는 등의 반론이 만만치 않았다.

그러나 박정희는 고민 끝에 재계의 요청을 수용했다. 청와대에 실무 전담반을 편성해서 1년 가까이 비밀 작업을 진행한 끝에 1972년 8월 3일, 박정희는 대통령 긴급명령으로 사채동결조치를 발표했다. 통화개혁에 버금가는 충격이었다.

기업들은 빌려 쓴 사채를 정부에 신고했고, 정부는 신고한 사채에 대해서 파격적인 혜택을 부여했다. 월 4~5%였던 사채금리를 월 1.35%로 내려 주고, 원금도 만기에 상관없이 3년 동안 묶어 뒀다가 그 후 5년 동안 나눠서 갚도록 한 것이다. 이것이 바로 '8.3 사채동결 조치'의 골자였다. 1주일 동안 신고한 사채 규모는 모두 3,500억 원이었다. 물론 신고하지 않는 사채도 많았다. 사채를 쓴 기업으로서는 엄청난 특혜였고, 사채를 빌려 준 쪽에는 청천벽력 같은 충격이었다.

그러나 사채동결 조치가 끝이 아니었다. 이참에 사채를 양성화하는 제도적인 장치도 처음으로 마련했다. 지금은 없어진 단자회사, 그리고 저축은행의 전신인 상호신용금고 등이 이때 만들어졌다. 증권시장이라는 것이 허술하기 짝이 없었을 당시, 기업공개촉진법을 만들어서 기업들에 증권시장 상장을 정부가 강제했던 것도 이때부터였다.

어쨌거나 정부의 사채동결 조치로 기업들은 살아났다. 1971년에 400% 수준에 달했던 기업의 부채비율은 이듬해 1972년에 300% 밑으로 떨어졌고, 경제성장률은 같은 기간에 6.5%이던 것이 14.8%로 껑충 뛰었다. 원칙과 상식을 크게 훼손시켰으나 그 대가로 경제 위기는 넘긴 셈이었다.

사채동결 조치는 워낙 충격적이었던 만큼 오랫동안 논란이 꼬리를 물었다. 기업의 연쇄도산 사태에 대해 정부가 재빠르게 움직인 덕분에 더 큰 위기를 막을 수 있었고, 곧이어 닥친 제1차 석유파동(1973년 10월)을 견딜 수 있었다는 것이 관변 이코노미스트들의 주장이었다. 반면에 야당과 학계에서는 '국민의 자유와 사유재산권을 박탈한 위헌·위법적인 망동'이라며 정부를 맹렬히 비난했다. 원론적으로 따지면 돈을 빌려 준 개인의 소득을 돈을 빌려 쓴 기업들에게 이전시켜 준 것이나 다름없는 조치였다.

돌이켜 보면 사채동결 조치는 무리한 차관경제가 빚어낸 부실에 대한 박정희식 처리의 결정판이었다. 외국 빚으로 공장을 지어 수출을 증가시키는 데는 성공했으나, 그 과정에서 빚어진 수많은 문제들을 한두 번의 땜질 처방으로 감당할 수는 없었던 것이다.

경제개발주식회사 박정희 정부

사채동결 조치에서 보았듯이 한국 기업들의 오늘이 있기까지에는 정부의 파격적 지원이 있었기에 가능했던 것이다. 그러나 박정희의 경제개발이 기업들에게 돈 대주고 투자를 독려하는 식으로만 이뤄진 것이 아니었다. 그에 못지않게 중요한 것은 정부의 조직이나 역할을 새롭게 정비하고 작동시켜 나갔다는 점이다. 건국 이후 이승만이 구성했던 초기 정부 직제(職制)는 상당 부분 조선총독부 시절의 그것에서 크게 벗어나지 못했지만, 박정희 집권 이후 비로소 한국 특유의 정부 직제가 구성된 것이다. 하드웨어든 소프트웨어든 한국 정부의 기본 틀은 1960년대에 와서 박정희에 의해 갖춰졌다.

군정을 끝내고 제3공화국 대통령이 된 박정희는 모든 정부 직제를 경제개발에 맞춰서 전면적으로 개조해 나갔다. 마치 '경제개발주식회사'에 취임한 CEO가 기업을 구조 조정해 나가듯이 완전히 새롭게 꾸몄다. 이사회를 만들고, 집행부 조직을 새로 짜고, 기획실을 두고, 내부 감사나 평가 기능도 추가했다.

쿠데타 직후(1961년 7월)에 설립된 경제기획원이 대표적인 사례다. 부총리 겸 경제기획원 장관은 대통령이 소신껏 하도록 힘을 실어 주었을 뿐 아니라 정부 직제상으로도 막강했기 때문에, 사실상 국무총리보다 더 큰 영향력을 발휘했다. 전체 경제를 계획하고 설계하는 권한뿐 아니라, 각 부처에 대한 예산 배정을 결정하는 권한, 그리고 외자도입을 심의하는 일까지 부총리 겸 경제기획원 장관이 맡고 있었기 때문에 다른 부처 장관들은 절절맸다. 장기영 부총리 때는 재무부 장관을 4명이나 갈아치웠고, 정치자금을 염출하는 일에도 개입했다. 김학렬 부총리는 포항제철과 경부고속도로 건설 과정에서 결정적인 리더십을 발휘했다.

재무부에는 이른바 관치금융의 총괄을 맡겼다. 외국 자본을 도입하는 일은 경제기획원을 통해서, 국내 금융은 재무부로 하여금 컨트롤하게 한 것이다. 정책금융을 통해 자금을 배분하는 역할을 담당했으므로 은행뿐 아니라 간접적으로 기업의 생사여탈권까지 쥔 셈이었다.

수출을 독려하는 것과 수입을 통제하는 일은 상공부의 몫이었다. 수출 목표 달성을 책임지는 한편, 수입을 허용하고 규제하는 권한을 행사했다. 새로 만들어진 건설부는 도로와 주택건설을 책임졌다. 강가의 자갈 채취부터 국토계획, 댐과 고속도로 건설에 이르기까지 건설부 소관이었다. 1970년대부터는 새로운 달러 박스로 부상했던 해외건설도 건설부가 관장했다.

빼놓을 수 없는 것은 세금을 걷는 국세청 설립이다(1966년 3월). 이승만 시대에는 재무부 소속이었던 시세국을 국세청으로 승격시켜 세정 업무를 대폭 강화한 것이다. 막강해진 국세청은 부패와 월권으로 비판의 대상이 되기도 했지만, 이때부터 비로소 정부가 제대로 세금을 거두기 시작했다.

박정희는 과학·기술 분야를 강화하기 위해 과학기술처

를 신설하는 하면, 다수확 품종 벼 개발을 위해 농촌진흥청을 설립했고, 산림청을 내무부로 옮겨서 벌거숭이 민둥산을 푸르게 하는 중심 역할을 맡겼다. 지금까지 역대 대통령들이 저마다 크고 작은 정부 직제를 개편했지만, 기본적인 정부의 골격은 박정희 시대에 짜였던 것이다.

정부 직제도 중요하지만, 못지않게 중요한 것은 운용이다. 앞에서도 살펴봤듯이 포항제철이나 경부고속도로 건설 같은 국가적인 프로젝트는 대통령이 직접 진두지휘했다. 그러나 대부분 주무부 장관들에게 믿고 맡기고 정기적인 회의를 통해서 전체 동향을 챙겼다. 월간경제동향보고와 수출진흥확대회의가 대표적인 예다.

1965년 1월부터 본격화된 경제동향보고회의는 대통령 주재로 매월 빠짐없이 열렸고, 수출진흥확대회의도 마찬가지였다. 이 두 회의는 박정희가 불행한 최후를 맞을 때까지 14년 동안 계속되었다. 모두 1,400회 이상의 회의를 직접 주재했던 셈이다. 모든 주요 경제현안은 대통령 앞에서 직접 보고·논의되었고, 난관에 봉착한 문제는 즉석에서 대통령의 판단과 결심으로 결론이 났다. 부처들의 의견이 달라서 정책 결정이 유보되거나 타이밍을 놓치는 경우는 거의 없었다. 아무리 어려운 일도 두 회의에서 결판이 났던 것이다. 이것이 '박정희 주식회사' 의사결정 방식의 요체였다.

박정희식 동반성장 정책, 새마을운동

박정희는 공업을 중심으로 한 산업화에 치중했었지만, 그렇다고 농업에 관심이 없었던 것은 아니었다. 자신은 빈농의 아들이었고, 세련된 '도시형 인간'이 아닌 '텁텁한 막걸리 타입'이었다. 그런 면에서 이승만 대통령과 달랐고, 그의 후계자로 지목됐던 김종필과도 구별됐다.

그는 농가소득을 높이기 위해 추곡수매가격을 파격적으로 올려 주는 이중곡가제도(1970년)를 실시했다. 농민이 생산할 쌀을 시중 가격보다 더 비싼 값에 정부가 사들여서 소비자에게는 싸게 파는 제도다. 또한 다수확 품종인 통일벼를 개발하는 데도 총력을 기울여 식량자급을 가능케 했다.

그러나 박정희의 농업 정책은 새마을운동을 제외하고 생각할 수 없다. 수출도 수출이지만, 외국의 후발개도국들이 한국경제를 벤치마킹하면서 가장 본받고 싶어 하는 것이 바로 새마을운동이다.

1970년에 시작된 새마을운동은 요즘 식으로 말하자면 '동반성장 정책'이었던 셈이다. 공업화 정책이 우선되는 가운데 소홀해질 수밖에 없었던 농업에 뒤늦게 눈을 돌린 것이 새마을운동이었다.

초기의 새마을운동에 대해 순수한 시각으로 보는 사람은

박정희식 동반성장 정책이었던 새마을운동

거의 없었다. 지식인들과 야당에서는 독재자 박정희가 농촌의 표를 의식해서 또 다른 '정치 사업'을 벌이는 것쯤으로 치부했다.

1970년 10월, 정부는 갑자기 '새마을 가꾸기 운동'이라는 이름 아래 재고처리로 고민이었던 시멘트를 마을마다 일시에 내려 보냈던 것이다. 전국 3만 4,665개의 농어촌 마을에 300~350부대의 시멘트를 정부는 무료로 배급했다. 공무원들도 대부분 내놓고 말을 하지 않았을 뿐이지 이를 정치 사업으로 여겼다. 그러나 2년 차부터 새마을운동은 한국 농촌을 완전히 뒤바꿔 놓게 된다.

처음에는 매우 단순한 구조로 출발했다. 정부는 시멘트를 나눠주면서 농촌 주민들로 하여금 자체적으로 필요한 자금과 일손을 동원해서 마을 공동사업을 벌이도록 했다. 공동회관을 짓든, 개울에 다리를 놓든, 각기 알아서 할 일이었다. 말그대로 자조(自助)사업이었다. 그런데 제1차 새마을운동은 시행 첫해부터 기대 이상의 성과를 거뒀고, 내무부는 1차년도 마을별 사업내용을 면밀히 분석하여 1만 6,000여 개의 농어촌 마을을 우수마을로 지정했다.

여기서 박정희는 뜻밖의 결정을 내렸다. 제2차 새마을운동(1972년)에는 우수 평가를 받은 마을에만 추가로 시멘트 500부대와 철근 1톤씩을 지원토록 지시한 것이다. 이는 곧 나머지 1만 8,000여 개 농촌 마을에 대해서는 지원을 하지 말라는 뜻이었다. 이를테면 자조 노력을 제대로 보인 농촌에만 정부가 지원한다는 가혹한 차별 정책을 펼쳤던 것이다.

여당인 공화당은 다가올 선거에서 다 망하게 생겼다며 펄쩍 뛰었고, 당 수뇌부가 직접 대통령에게 재검토를 요청했으나 헛일이었다. 국무총리가 주재한 국무회의조차 제2차 새마을운동에 균등지원을 의결했으나 대통령 결재 과정에서 다시 차등지원으로 뒤집혔다. 설령 선거에 지더라도 신상필벌의 원칙을 바꿀 순 없다는 것이 박정희의 소신과 고집이었다.

다행히 지원 대상에서 빠진 마을 중 자력으로 새마을운동에 참여한 마을은 6,100여 개나 됐다. 이를 계기로 정부는 전국 3만 5,000개 농어촌 마을을 기초마을, 자조마을, 자립마을의 3가지로 나누고 자조마을과 자립마을에만 지원했다.

대통령 박정희가 새마을운동에 대해 이처럼 정치적 배려를 배척한 것은 매우 주목할 만한 일이었다. 새마을운동이 한창 전국적으로 확대되는 1970년 초반, 여당인 공화당은 새마을운동 지도자들에게 당원 가입증을 나눠주는 방안을 추진하기도 했다. 그러나 박정희는 "단 한 사람이라도 새마을운동 지도자를 신입 당원으로 가입시켜서는 안 된다."라고 정치와 선을 그었다.

새마을운동은 박정희에게 매우 특별했다. 자신이 발제해서 시작했을 뿐 아니라, 스스로 새마을 지도자를 자처하면서 새마을 정신을 고취하는 노래의 가사를 직접 쓰고 곡을 만들기도 했다. 그는 자신이 경제적 번영뿐 아니라 근면, 자조, 협동이라는 범국민적인 박정희판 도덕재무장 운동의 한가운데 서 있다고 믿었다.

그러나 시간이 흐르면서 새마을운동은 당초의 모습에서 크게 변질되었다. 순순한 국민 자조 운동이요, 정신 운동이라고 믿은 사람은 거의 없었다. 1972년 10월, 계엄이 선포되고 국회가 해산당하는 유신 시대가 열리면서 새마을운동은 기존과 전혀 차원을 달리하게 된다. 유신 시대의 정치적 상황에서 새마을운동은 농촌지역뿐 아니라 도시를 포함한 학교와 직장, 군대 내무반에까지 전국적으로 확대되었다. 어느새 자발적 자조운동이 아니라 특정 정권의 정치운동으로 변질됐던 것이다. 박정희 자신도 공식연설에서 "새마을운동은 곧 유신이요, 유신이 곧 새마을운동"이라고 했다. 결국 농촌개발운동에서 시작된 새마을운동은 어느 순간 최고통치자가 펼친 고도의 정치행위로 변한 셈이다.

훌륭한 출발을 보였던 새마을운동은 유신 정치와 결합하면서 당초의 순수성이나 자발성은 크게 훼손당했다. 이런 이유로 외국의 높은 평가에도 불구하고 국내에서는 훨씬 평가절하된 것이다. 여기에 후임 대통령 전두환의 잘못도 가세했다. 그렇지 않아도 변질된 새마을운동 사업을 전두환이 동생인 전경환 손에 맡기는 바람에 기능적으로나 도덕적으로 완전히 망해버렸다. 본연의 새마을 정신은 온데간데없고, 전경환 개인의 놀이마당이자 대통령 친인척 비리의 온상으로 전락해 버렸기 때문이다.

7년 걸린 통일벼 개발

한국 농업의 핵심은 쌀이었다. 쌀농사가 잘 되면 풍년이고 그렇지 못하면 흉년이다. 쌀의 자급자족이 이뤄진 것이 1977년 이후였으니, 그전까지는 걸핏하면 쌀 파동을 겪어야 했다.

박정희는 집권 초기부터 공업화와는 별개로 쌀 부족 문제 해결에 집요하게 매달렸다. 국민의 굶주림을 일차적으로 해결해야 할 정부로서는 식량 문제보다 중요한 문제는 없었다. 부족한 쌀 생산을 늘리는 일은 1970년대에 추진된 새마을운동과는 차원이 다른, 지극히 원초적인 과제였다. 특히 식량 부족을 해결하지 않고서 자립경제를 추구한다는 것은 있을 수 없는 이야기였다.

일찍이 농촌진흥청을 설립한 박정희는 여기서 기존의 볍씨 대신 수확을 많이 거둘 수 있는 새로운 다수확품종 볍씨를 연구·개발토록 했다. 기존의 생산 방식으로는 획기적인 증산이 불가능하다고 판단한 것이다. 당시 국내에는 박사학위 소지자가 드물었는데, 박사가 가장 많이 모여 있던 곳이 바로 농촌진흥청이었으며, 대통령은 연구에 필요한 모든 지원을 아끼지 않았다.

연구개발의 핵심은 한국인의 입맛에 맞는 일본쌀을 수확량이 많은 타이완쌀과 교배해서 신품종을 만들어내는 일이었다. 동시에 치명적 약점인 병충해 문제도 극복해야 했다. 이 작업은 세계적으로 권위를 인정받던 필리핀의 쌀 연구소에서 진행되었으며, 7년의 연구 끝에 '기적의 볍씨'라 했던 통일벼가 개발되어, 1972년부터 일반 농가에 보급되었다. 그

공로로 7,000여 명의 농업진흥청 직원이 2개월 치 봉급에 해당하는 특별보너스를 전례 없이 받기도 했다. 박정희의 특명에 따른 것이었다.

통일벼는 큰 폭의 증산을 거듭하며 1977년에 연간 생산량이 처음으로 4,000만 섬을 돌파했다. 당시에는 3,800만 섬 정도가 자급선이었는데, 이제 식량이 남아서 보관할 창고를 걱정하는 세상으로 바뀐 것이다.

이로써 14년 동안 시행했던 '분식의 날'이 없어졌다. 일주일에 이틀을 쌀 대신 밀가루 음식으로 대체했던 강제 정책이 풀린 것이다. 그동안 금지했던 쌀 막걸리 생산도 이때부터 다시 허용했다.

북한의 위협 그리고 유신 체제

한편, 북한은 한국경제 발전 과정에 어떤 영향을 줬을까. 플러스였을까, 마이너스였을까. 어쨌거나 분단의 현실은 한국경제에 여러모로 큰 영향을 미쳐왔음을 부인할 수 없다. 없는 살림에 힘겨운 국방비를 감당하느라 경제개발에 필요한 돈을 제대로 못 쓴 점도 있는 반면, 다른 한편으로는 끊임없는 긴장과 도전의 끈을 늦출 수 없게 만든 긍정적이 측면도 있었다.

두 가지는 분명했다. 1970년대 초반까지 북한은 경제적으로도 남한을 앞서고 있었고, 북한의 무력 도발에 남한의 안보는 크게 흔들렸다는 점이다. 이런 상황에서 박정희는 경제개발과 안보강화, 그 어느 쪽도 포기할 수 없었다.

박정희에게는 두 가지 피가 흐르고 있었다. 하나는 경제개발에 대한 집념의 피요, 다른 하나는 자나깨나 북한의 위협을 걱정하는 군인의 피였다. 쿠데타 이후 1960년대는 기업의 창업자 또는 CEO처럼 국책사업을 일일이 챙기는 것에 에너지를 집중시켰던 기간이었다. 그러나 1968년부터 북한의 무력도발이 심해지면서 박정희는 경제개발뿐 아니라 군사력 증강 쪽으로 눈을 돌렸다. '군 출신 본능'을 여실히 드러내기 시작한 것이다. 1970년대 전반을 지배하던 "싸우면서 건설하자!"라는 슬로건이 당시 상황을 상징적으로 말해 준다.

사실 박정희 정권은 장기집권을 도모하는 과정에서 북한 위협을 정치적으로 자주 활용했다. 그러나 북한의 위협은 부인할 수 없는 심각한 현실이었다. 대통령 살해를 목적으로 청와대 바로 앞까지 습격했던 무장공비침투사건(1968년 1월)을 시작으로 미국 정보수집함 푸에블로 호를 납치하고, 울진·삼척에 100여 명의 공비를 침투시키는 등 북한의 도발 사건은 잇따라 터졌다.

북한의 대통령 살해 기도는 한 번에 그치지 않았으며, 결국 1974년 8월 15일에는 영부인 육영수 여사가 살해되었다. 광복절 기념식장에서 대통령을 겨냥한 총알이 부인에게 날아간 것이다.

게다가 북한의 절반 수준인 남한의 군사력을 뒤로 한 채 미국의 닉슨 대통령은 주한미군 제7사단 병력 2만여 명을 철수시켰다.

이 같은 북한의 위협은 군 출신 대통령 박정희에게 큰 충격을 안겨줬다. 250만 명의 향토예비군이 창설되었고, 전 국민에게 일련번호를 부여하는 주민등록번호 제도가 1968년부터 시작됐다. 경부고속도로도 서울-수원 구간은 중앙분리대를 없애 유사시 전투기 활주로로 사용할 수 있도록 설계했다.

박정희의 산업혁명 방향은 중반을 지나면서 중화학공업 육성으로 바뀌었는데, 이는 다시 말해 무기공장을 집중적으로 건설하는 것이었다. 단순한 산업구조 조정 차원의 변화가 아니었다. 한국경제의 근간이 된 중화학공업의 본격적인 추진이 경제적 동기보다도 북한의 위협이 가져다준 결과물이었다는 점은 아이러니가 아닐 수 없다.

유신 체제 또한 한국경제에 상당한 영향을 미쳤다. 당시 정치 환경과 중화학공업 육성 정책간의 관계는 매우 주목할

만하다. 박정희가 몰아붙였던 중화학공업 육성 정책은 민주적 토의나 의견 수렴 절차를 상식적으로 밟았다면 도저히 추진할 수 없는 내용이었기 때문이다. 유신 체제가 아니었다면 짧은 시간 안에 그 같은 대규모 투자는 불가능했을 것이다.

그러나 극심한 정치·사회적 저항을 초래했다든지, 무리한 과잉투자로 엄청난 부작용을 유발했다는 점에서 오히려 유신 체제 때문에 빚어진 부정적 측면 또한 심각했다. 따라서 중화학공업 발전이 유신체제 덕분이었다는 주장은 지나친 비약이다. 중화학공업이 뿌리를 내리기까지 얼마나 많은 희생과 비용이 있었는지에 대한 분석 없이 결과만 놓고 평가하는 것은 곤란하다.

돌이켜 보면 북한의 위협, 중화학공업 육성, 유신 체제의 탄생은 서로 깊고 복잡하게 얽혀 있다. 어떻든 간에 북한의 위협에 대처하기 위한 노력이 경제성을 무시한 과감한 중화학 투자를 낳았고, 비판이나 반대를 봉쇄했던 권위주의적 정치 환경 또한 이 같은 시도에 속도를 더 했던 것은 부인할 수 없는 사실이다.

중화학공업 육성은 안보 정책이었다

경제가 발전하면 싸구려 제품에서 벗어나 비싸고 고급스

러운 제품을 만드는 쪽으로 산업구조가 바뀌게 마련이다. 소위 노동집약적인 경공업 중심에서 기술이나 자본 집약적인 중화학공업으로 이행하는 것이다.

1960년대에는 신발이나 합판·의류 산업이 한국경제의 주류를 이루었지만, 1970년 중반에 이르러 철강·자동차 등의 기계 부품과 전자업종이 새로운 리딩 산업으로 등장한 것이 바로 그러한 변화 과정을 말해 준다. 모두 박정희 시대에 이뤄진 변화들이다.

박정희는 일찍이 중화학공업에 남다른 집념이 있었다. 한국경제가 탄탄한 기반을 마련하려면 제철 산업 같은 중화학공업에 뛰어들어야 한다고 생각했다. 주위의 반대를 무릅쓰고 포항제철 건설을 고집했던 것이나 석유화학공업 단지를 조성하는 데 열심이었던 것도 그래서다. 경제에 특별한 식견이 있어서라기보다는, 다분히 일본과 서독의 중화학공업 발전에 영향을 받은 탓이었다. 앞에서도 언급했듯이 젊은 시절 만주군관학교와 일본육군사관학교를 다니면서 제철 사업 등 일본의 부국 정책들을 눈여겨보았고, 대통령이 되고 나서는 서독의 공업화 전략을 벤치마킹하고자 애를 썼다.

그러나 1970년대에 들어서 박정희가 밀어붙인 중화학공업 육성 정책은 차원이 달랐다. 그것은 평범한 경제 정책이 아니라 매우 특별한 국가 방위전략이었다. 1973년 1월, 대통령 특별담화를 통해 발표된 '중화학공업 육성' 방침은 시작부터 심상찮았다. 준비과정부터 대통령의 특명사항으로 김정렴 비서실장, 오원철 제2경제수석 등을 중심으로 철통 보안 속에 감쪽같이 진행됐다. 마치 통화개혁이나 긴급조치를 발표하는 분위기였다. 모든 경제 정책에 깊숙이 관여해왔던 재무장관 남덕우도 준비 내용을 사전에 알지 못했다.

박정희는 철강·비철금속·조선·전자·기계·화학 등 6개 분야에 대해 정책금융을 통해 집중적으로 육성할 것을 지시했다. 앞에 내세운 캐치프레이즈는 "수출 100억 달러, 1인당 국민소득 1,000달러 달성"이었다. 이 같은 경제 정책 목표의 포장 속에는 방위산업 육성을 통해 국산 무기의 제조능력을 서둘러 키워야 한다는 뜻이 숨어 있었다. 북한의 위협에 대처하기 위한 군사안보 조치였던 셈이다.

1968년 이후 북한의 무력도발이 심해지면서 박정희는 자주국방을 위한 무기 국산화를 서둘렀다. 선박·탱크·장갑차·대포 등을 우리 손으로 만들어 내라는 것이었다. 더 이상 미국에 국방을 의존할 수 없다는 것이 박정희의 기본 생각이었다.

그러나 정부의 의욕만으로 될 일이 아니었다. 중소기업 수준의 주물공장이나 부엌살림을 만드는 구리공장 수준으로 고도의 정밀기술과 특수강재가 바탕이 되는 무기 생산을 단숨에 국산화하겠다는 것은 무모한 시도였다. 더구나 기업은 수지도 안 맞는 사업에 끼어드는 것을 기피했다. 국방부가 나서서 억지로 총을 만들어 보기도 했으나 시험사격을 해 보니 총알은 엉뚱한 곳으로 날아갔다.

이런 시행착오 끝에 탄생한 것이 1973년의 중화학공업 육성 정책이었다. 지정된 방위산업체들은 평소에 사업용 위주로 부품을 생산하다가 유사시에 무기용으로 전환할 수 있는 비즈니스 모델을 만들고, 정부가 강력하게 지원해주기로 한 것이다.

이렇게 하자 기업들은 당연히 호응했지만, 문제는 돈이었다. 발표된 중화학공업 육성 정책 내용에 재원조달계획은 들어 있지 않았다. 재무장관 남덕우는 대통령의 단호한 결정을 위해 '국민투자기금'이라는 중화학공업 전용 호주머니를 별도로 만들었다. 정기예금 같은 은행 저축을 일정 비율 강제로 떼 내서 중화학공업 투자 재원으로 쓰는 것이었다.

국민투자기금은 30년간 23조 원이 동원되면서 중화학공업을 끌고 가는 재원 노릇을 톡톡히 했다. 기업은 중화학공업 업체로 인정만 받으면 시장금리 17%보다 훨씬 싼 10% 이하의 금리로 국민투자기금을 지원받았다. 그러다 보니 중화학공업에 집중적으로 뭉칫돈이 풀리고, 중화학공업에 투자한 대기업은 상대적으로 더 커졌으며, 나아가 특혜금융에 따른 정경유착이 심해지는 등 부작용이 잇따랐다.

지나친 정책금융으로 시장원리를 무시하는 바람에 부작용을 야기했다는 비판이 나타나기도 했지만, 비판과 부작용에 아랑곳없이 정부의 강력한 지원 아래 기업의 중화학공업 투자는 봇물을 이뤘고, 결과적으로 수출을 비롯한 국내 산업구조가 강제적으로 바뀌었다. 1970년대 중반, 한때는 중화학공업 제품이 수출 증가의 새로운 견인차로 박수를 받기까지 했다. 위험을 무릅쓰고 투자했던 것이 세월이 흐른 뒤 한국 경제에 결정적으로 효자 노릇을 할 줄은 아무도 몰랐던 것이다.

그러나 1978년에 접어들면서 제2차 석유파동과 세계적인 불황이 닥치자 그동안의 과잉투자와 잘못된 투자가 드디어 그 한계를 드러내고 말았다. 경제적인 측면에서는 박정희 정권의 몰락을 재촉하는 중요한 요인으로 작용했을 정도로 심각한 파국을 초래했었다.

사실 중화학공업 육성 정책은 북한의 김일성 정권이 훨씬 선배였다. 1960년대 중반부터 주체사상 아래 자체 무기 생산에 총력을 기울였던 것이 북한판 중화학공업 육성 정책이었다. 결국 그것이 실패하면서 1970년대부터 남한경제가 북한경제를 추월하기 시작한 것이다.

부가가치세의 도입

일상생활과 가장 밀접한 세금 중 하나는 부가가치세다. 물건을 살 때나 식사를 할 때, 물건값의 10%인 부가가치세는 항상 포함되어 있다.

박정희가 정권 후반기인 1977년 7월 1일부터 실시한 부가가치세는 매우 특별한 의미가 있다. 부가가치세 도입을 계기로 정부의 세금 제도가 획기적으로 바뀌었으며, 조세저항 때문에 정권 붕괴까지 초래했다는 분석이 나올 정도로 엄청난 충격이었기 때문이다. 과연 박정희는 어떤 배경에서 부가가치세를 실시했을까.

부가가치세는 순전히 실무적인 차원에서 추진했다. 1960년대까지만 해도 정부는 오로지 수출에만 관심이 있었고, 세금을 걷는 제도는 허술하기 짝이 없었다. 그런 차원에서 비서실장 김정렴과 재무부 장관 남덕우가 나서서 세금 제도 확립의 필요성을 박정희 머릿속에 주입시켰다. 1971년부터 부가가치세의 도입 검토를 시작했으니 무려 6년 넘게 준비해 온 끝에, 그것도 찬성과 반대가 심한 대립을 이루는 가운데 대통령의 결심으로 실시하게 된다. 5년짜리 대통령의 임기보다도 준비 기간이 길었던 셈이다. 그 과정의 시작은 당시 남덕우 재무장관의 회고를 통해 짐작할 수 있다.

"재무부 장관 입장에서 보니 종류에 따라 세금을 매기는 기준이 너무 복잡했다. 특히 제대로 된 회계장부나 거래 기록이 없는 중소기업이나 영세업자가 내야 하는 '영업세'를 세무공무원이 주관적 판단으로 결정했으니 자연히 부작용이 따를 수밖에 없었다. …… 어느 날, 청와대에 파견된 김재익 박사에게 유럽의 부가가치세에 대해 물었더니 소상하게 설명해 줬다. 모든 거래 단계마다 부가가치가 발생하므로 그 일정률을 세금으로 걷는 가장 과학적인 제도며, 유럽 선진국들이 부가가치세를 실시하고 있다는 것이었다."

이렇게 시작된 부가가치세 도입 추진은 재무부 소속의 세제국(稅制局)을 중심으로 진행되었고, 김정렴이 적극적으로 지지했다. 또한 남덕우가 부총리 겸 경제기획원 장관으로 승진하면서 후임 재무부 장관이 된 김용환은 치밀한 추진으로 부가가치세 도입을 실천에 옮겼다.

오랜 시간 부가가치세 도입이 추진되는 과정에서 수많은 우여곡절이 있었는데, 두 가지를 주목해야 한다. 첫째는 대통령 박정희가 전혀 간섭하지 않았다는 점, 둘째는 부가가치세라는 새로운 이름의 중요한 세금이 탄생하는 과정에서 국회는 맥도 못 추고 그저 바지저고리에 불과했다는 점이다. 부가가치세 도입은 전적으로 경제 관료들의 검토와 토론 끝에 결정된 셈이다. 그러나 그 과정은 결코 순탄하지 않았다.

원래 예정됐던 실시 시기(1971년 7월 1일)가 막상 다가오자 반대 주장이 여기저기서 터져 나왔다. 심지어 부가가치세 도입에 주도적인 역할을 했던 남덕우도 최종회의에서 보류 의견을 밝혔다. 원론적으로는 부가가치세 도입이 바람직하지만 물가를 자극한다는 이유를 내세웠다. 정부의 싱크탱크였던 한국개발연구원(KDI)도 같은 생각이었다. 중앙정보부까지 반대 주장에 끼어들었다. 부가가치세를 도입할 경우 심각한 조세저항을 불러올 수도 있다는 판단이었다.

정부 안에서 부가가치세 실시에 의견대립이 심각해지자 박정희는 직접 경제장관회의를 주재했고, 실시를 보류하자는 의견이 다수였음에도 불구하고 '예정대로 실시'하도록 결단을 내렸다. 정치적으로 불리하더라도 경제 논리에 따르는 것이 옳다고 판단한 것이다. 다만 원래 13%로 계획했던 세율만 당분간 10%로 낮춰서 실시토록 했다(이때 결정한 10%가 지금까지도 변함없이 그대로다).

우려했던 대로 부가가치세 실시는 정치적으로도 큰 파장을 몰고 왔다. 이듬해인 1978년 선거에서 정부 여당이 패배하면서, 비서실장 자리에서 9년 3개월 동안 경제를 총 지휘해 오던 김정렴을 비롯해 부총리 겸 경제기획원 장관 남덕우, 재무부 장관 김용환 등이 물러나는 등 대폭적인 개각이 이뤄졌다. 모두가 박정희 경제를 선두에서 이끌어 왔으며, 특히 부가가치세를 추진해 온 핵심 멤버들이었다. 부가가치세 실시가 초래한 조세저항이 집권 여당에 정치적 패배를 안겨 줬다는 문책의 성격이 짙었다.

아무튼 박정희 대통령으로서는 경제 논리에 충실했던 나머지 조세저항으로 인한 정치적 파장 문제에 대해서는 전혀 신경 쓰지 않았던 것이다. 더구나 이것이 정권의 기반까지 뒤흔들게 될 줄은 상상도 할 수 없는 일이었다.

수시로 뜯어고친 경제개발 5개년계획

5개년계획이니, 7개년계획이니 하는 것은 원래 소련을 위시한 사회주의 국가들의 단골 메뉴다. 경제를 시장원리에 따라 민간 기업 위주로 끌어가는 게 아니라, 정부가 세운 계획 중심으로 운영하는 것을 말한다. 1950년대에는 인도 등에서 유행처럼 실시되었으나 별로 성공하지 못했다. 이즈음 계획경제에 가장 성공을 거두고 있던 나라는 북한이었다. 김일성은 소련의 지원 아래 1957년에 5개년계획을 시작해, 식량 증산과 생필품 생산 증대에 괄목할 성과를 거두고 있었다.

한국은 장면 정부 때 처음 계획을 만들었으나 실시는 박정희 정부 때부터 했다. 1961년 제1차 경제개발 5개년계획을 시작으로, 7차에 걸쳐 무려 35년 동안이나 계속되다가 김영삼 정부에 와서 막을 내렸다.

경제개발 5개년계획은 한국의 경제개발 정책이 그동안 정부 주도 경제였음을 단적으로 말해 주는 것이다. 그러나 박정희의 5개년계획은 북한을 포함한 사회주의 국가들의 계획경제와는 전혀 달랐다. 정부가 계획을 세워놓고서 모든 것을 거기에 끼워 맞추는 것이 아니라, 필요에 따라 5개년계획을 수시로 뜯어고치면서 탄력적으로 운영했다.

군사정권 초기, 정권을 잡은 군인들은 경제를 몰랐기 때문에 오히려 계획 달성에 매달렸다. "국민에게 약속한 5개년계획을 제대로 실천해야 한다."라는 일종의 강박 관념이었다. 사실 계획이 무엇인지도 몰랐다.

그러나 제2차 경제개발 5개년계획부터는 체계적으로 계획을 세웠고, 상황 따라 융통성 있게 운용해 나갔다. 5개년계획을 만드는 경제기획원은 예산권도 함께 갖고 있었으므로 계획과 예산지원을 적절히 조정하면서 경제 운용의 뼈대를 효과적으로 유지할 수 있었다. 세계 어느 나라에서도 예를 찾아 볼 수 없는 한국 특유의 '계획 경제'를 만들어 나갔던 것이다.

경제개발 5개년계획은 수시로 고치고 땜질해야 했다. 원인 제공자는 다름 아닌 대통령 박정희였다. 5개년계획을 세우려면 실무관료들이 2년 동안 총동원되어 대통령 결재로 확정되는 것인데, 대통령이 생각지도 않았던 대형 프로젝트를 불쑥불쑥 터뜨리는 바람에 계획 전체를 수정해야 하는 일이 한두 번이 아니었다.

앞에서도 언급했지만, 경부고속도로나 포항제철소 건설 같은 거대한 국책 사업은 애당초 제2차 경제개발 5개년계획에 들어 있지 않았다. 계획과는 별도로 박정희의 구상에 따라 갑자기 추가된 케이스였다.

어떤 계획이든 예산의 뒷받침이 있어야 하는데, 대통령의 이 같은 돌발적인 발상과 과감한 정책 추진 탓에 실무관료들은 애를 먹었다. 포항제철소를 짓는 데 대일 청구권 자금을 미리 앞당겨 쓸 수 있었던 것도 아니었고, 경부고속도로를 뚫는 데 드는 비용 계산도 대통령이 손수 챙기면서 결론을 냈으니, 경제 관료들은 경제개발 5개년계획을 수시로 수정하면서 뒤치다꺼리하느라 바빴다.

가장 심하게 혼선을 빚은 것은 중화학공업 육성이었다. 돈이 한두 푼 드는 것도 아닌데, 특별 담화를 통해 갑자기 발표하는 바람에 기존의 제3차 경제개발 5개년계획(1971~1975년)은 체면이 말이 아니었다. '100억 달러 수출, 1,000달러 소득'이라는 구체적인 수치도 당초 목표에는 없었고, 그해 연말에 수정 작업을 통해 추가되었다. 경제개발 5개년계획을 만들도록 지시한 장본인이었던 동시에, 계획에 구애받지 않고 거대한 사업들을 임의로 벌였던 주역 또한 박정희였던 셈이다.

그럼에도 불구하고 경제개발 5개년계획이 갖는 의미는 매우 중요하다. 땜질을 많이 했지만 5년을 주기로 범정부적인 목표와 계획을 수립하고 이를 추진하는 것 자체가 경제개발이 국정 우선순위의 첫째임을 분명히 하는 것이었다.

더구나 계획이 거창하면 실천이 못 따라가는 것이 보통인데, 박정희 시대의 경제개발 5개년계획은 번번이 초과달성과 조기달성을 거듭했었고, 그럴 때마다 계획을 상향 조정하곤 했다. 그 배경에는 박정희의 리더십, 공무원들의 열정 그리고 더러는 실적주의에 따른 졸속과 날림도 있었다.

제2차, 제3차 경제개발 5개년계획은 박정희 경제의 꽃이었다. 경제개발 5개년계획도 연륜이 쌓이고 환경이 바뀌자 점차 진화해 나갔다. 특히 박정희 시대의 마지막이었던 제4차 경제개발 5개년계획(1977~1981년)부터는 기본 방향이 달라졌다. 이전에 없던 교육, 의료 등 사회개발 부문이 처음으로 포함된 것이다. 추진 목표에 '형평'이라는 개념이 들어간 것도 이때가 처음이었다. 이런 흐름 속에서 1977년부터 의료보험제도가 시작된 것이다.

제4차 경제개발 5개년계획은 박정희 정권이 무너지고 제

2차 석유파동까지 겹치는 바람에 제 구실을 못했으나, 전두환 정권에 들어가서는 더 짜임새를 갖추며 업그레이드된다. 계획만 보면 전두환 시대의 제5차 경제개발 5개년계획이 절정이었다.

중동 해외건설의 대박

박정희 경제는 정권 말기에 이르러 급기야 휘청거리기 시작했다. 그런데 희한하게도 위기도래 직전인 1977년, 뜻밖의 '반짝 호황'을 맞게 된다. 중동 해외건설로 벌어들이는 오일 달러가 안겨준 '마지막 축복'이었다.

중동 해외건설 붐은 베트남전쟁에 이은 두 번째 대박이었다. 베트남 참전을 계기로 한국기업들의 국제화가 본격화되었고, 특히 국내기업들이 해외건설 공사에 대거 진출했는데, 베트남 철수가 결정되자 이들이 갈 곳을 잃어 심각한 고민에 빠졌다. 그동안 키웠던 해외건설 전문 인력과 비싼 장비들을 소화할 방법이 없었다. 그러던 판에 사우디아라비아를 비롯한 중동국가에 건설 붐이 일면서 안성맞춤의 돌파구를 찾은 것이다.

1973년부터 1974년 사이에 터진 제1차 석유파동은 석유 한 방울 나지 않는 한국경제에 큰 타격을 안겨줬으나, 다른 한편으로는 중동 산유국들이 벌어들인 오일 달러가 한국의 건설사들에게 살 길을 터주었다. 제조회사들의 수출만이 달러를 벌어들이는 수단이라고 생각했는데, 건설회사가 외국에 가서 건설 공사하는 일이 새로운 달러 박스로 등장한 것이다.

1976년과 1977년 사이에 수출이 75억 달러에서 대망의 100억 달러를 돌파했고, 이 중에 중동 해외건설 수주는 25억 달러에서 35억 달러로 껑충 뛰었으며, 경제성장률은 각각 13%와 14%를 기록했다. 이때 비로소 가전제품 소비가 본격화되어 냉장고 판매증가율이 89%에서 148%로, 흑백텔레비전이 31%에서 46%로, 자동차는 65%에서 111%로 각각 늘어났다.

호황을 반영하듯 돈이 시중에 흘러넘치고 여기저기서 새 공장을 짓고 고층 빌딩이 올라갔다. 그러나 인플레이션이 문제였다. 정부가 발표한 1977년 소비자 물가상승률은 10%였으나 이 숫자를 믿은 사람은 없었다. 시멘트의 경우, 정부 통계에 잡히는 공시 가격이 시중 거래 가격의 절반밖에 안 됐다. 공식통계는 엉터리였던 셈이다.

부동산 투기라는 말이 본격화된 것도 이때부터였다. 서울의 주택부족률이 45%에 달했으나, 대다수의 건설업체들은 중동 진출에 열을 올리고 있을 때여서 서울에 집 짓는 일에는 관심이 없었다. 돈이 풀리고 소득이 늘어나면서 새집 수요가 늘어나는 판에 공급 능력은 오히려 부족했던 것이다. 여기에다 새마을사업 차원에서 농촌주택 개량 사업이 무리하게 추진되는 바람에 건축자재 가격폭등 현상을 부채질했다. 더구나 경제 전체로는 여전히 중화학공업 쪽에 투자가 집중되고 있었다.

그러나 중동 해외건설로 달러가 쏟아져 들어오는 것에 대해 모두 좋아하기만 했을 뿐, 경제가 너무 잘돼서 일어나는 무서운 부작용에 대해 걱정하는 사람은 거의 없었다. 하지만 제2차 석유파동이 터지면서 우리 경제는 극심한 인플레이션과 부동산투기, 수출 감소에 따른 재고누적 그리고 국제수지 악화라는 심각한 파국에 처하게 된다.

결과적으로 1977년의 반짝 호황은 박정희 정권에 독화살이 되어 돌아온 셈이었다. 과잉투자로 인해 중화학공업 쪽은 재고가 산더미처럼 쌓였고, 수출 기업들은 줄줄이 도산했다. 여기에 부가가치세 도입에 따른 조세저항으로 민심도 흉흉했다. 정치는 차치하고, 경제 쪽에서도 박정희 정권의 종말을 예고하는 심상찮은 조짐이 일고 있었던 셈이다.

좌절을 몰랐던 박정희도 이즈음에 와서는 자신감이 그전 같지 않았다. 결국 1978년 개각을 계기로 그동안의 심복들을 모두 경질하고 수출지상주의를 탈피해서 물가안정을 우선해야 한다고 주장하는 인물들을 기용할 수밖에 없었다.

복지 정책의 시동

1960년대의 박정희 경제는 산업화와 경제성장을 중심으로 숨 가쁘게 달려왔지만, 1970년대에 들어오면서 그동안 소홀했던 복지 정책에도 시동이 걸기 시작했다. 변화의 배경에는 경제적인 측면과 정치·사회적인 측면이 복합적으로 작용했다.

그간의 산업화에 힘쓴 덕분에 한국경제가 규모나 수준 면에서 괄목할만한 향상을 보였으므로 70년대의 방향 수정은 당연했다. 제조업도 경공업에서 중화학공업으로 옮겨가는 수순을 밟았고, 새마을사업과 이중곡가제도 도입을 통해 그동안 소홀했던 농촌과 농업에도 신경을 쓰기 시작했다.

물가안정 정책도 비로소 중요시하기 시작했다. 기업투자를 장려하느라 그동안은 돈을 푸는 위주의 금융 정책을 써왔지만, 이젠 물가안정을 위해서 돈줄을 조이는 긴축 정책도 간간이 채택했다.

외부 환경의 변화도 한몫을 했다. 1973년에 터진 석유파동은 박정희 경제로서 처음 겪은 충격이었다. 석유 한 방울 안 나는 나라에서 하루아침에 국제 원윳값이 배럴당 3달러에서 11달러로 급등했으니 그 충격이 이만저만이 아니었다. 1960년대에는 경제 성장을 위해 앞만 보고 열심히 뛰면 됐는데 이젠 그게 아니었다. 불황과 인플레이션이 함께 일어나는 소위 스태그플레이션이라는 것도 겪어야 했다. 경제 구조 자체가 70년대에 접어서는 훨씬 복잡해진 것이다.

사실 1960년대부터 1970년대 초반까지의 산업화 실적은 상당했다. 댐 건설로 부족한 전기 문제를 해결했고, 울산에 공업단지를 조성하고, 포항제철과 경부고속도로를 건설했다. 그러나 이 같은 산업화의 진전이 곧 국민의 정치적 지지를 높여 주는 것은 아니었다. 민주화 세력들에게 박정희 정권은 여전히 타도의 대상인 독재정권이었다. 오히려 산업화의 부작용이 누적되면서 박정희 정권에 대한 서민계층의 불만이나 비판은 점점 커졌다. 중화학공업의 무리한 추진에는 정부 내 경제 관료들의 반대도 많았다.

정치 환경 또한 많이 달라졌다. 1972년 유신 시대에 들어서면서 강권 탄압은 더 심해졌고, 경제개발 성과에 상관없이 민심은 갈수록 흉흉해졌다. 아무리 정치적 반대를 봉쇄한다고 해도 그전 같은 일방적인 산업화 정책을 계속 밀어붙이기 어려운 상황이 전개되었다. 경제적 측면뿐 아니라, 정치·사회적 측면에서도 박정희 경제는 기존의 방향을 수정하지 않을 수 없었던 것이다.

대표적인 변화는 서민층의 세금을 대폭 깎아 준 1974년의 1.14 긴급조치였다. 국회가 소득세 면세점을 1만 6,000원에서 1만 8,000원으로 기껏 2,000원 인상했었는데, 박정희는 어느 날 갑자기 대통령 긴급명령을 발동해서 단번에 5만 원으로 올려 버렸다. 월 소득 5만 원 이하는 세금을 한 푼도 안 내도록 한 것이다. 이 또한 유신체제가 아니었으면 불가능한 조치였다.

이즈음 박정희의 주된 관심사는 중화학공업 육성이었으나, 한편으로는 서민 가계 형편이나 노동자 문제 등에 대해서도 여러 가지 정책들을 새롭게 추진했다. 월급쟁이들의 예금에는 이자소득세를 면제하고 높은 이자를 보장해 주는 '재산형성저축(재형저축)'이라는 것도 이때(1976년 1월) 만들어졌다.

가장 주목해야 할 것은 1977년 7월부터 시작된 의료보험제도다. 원래 박정희 정부는 의료보험보다 연금제도 도입을 더 적극적으로 검토했었다. 박정희는 연금제도에 부정적이었으나 KDI 박사들의 설득에 생각이 바뀌었다. 급기야 1973년 12월에 국민복지연금법을 만들기까지 했다. 하지만 뜻하지 않게 터진 석유파동으로 1974년부터 실시키로 했던 것을 무기연기하고 말았다(이때 연기되었던 국민연금제도는 1998년에 다시 시행되었다).

석유파동의 여진이 계속되는 가운데도 한편에서는 KDI
와 경제 관료들을 중심으로 복지 정책에 대한 검토는 계속
진행됐다. 연기되었던 국민복지연금법 시행이 먼저냐, 의
료보험제도 도입이 먼저냐를 놓고 시비가 분분했으나 결국
박정희는 의료보험제도를 선택했다. 이후 의료보험제도는
1976년에 국회에서 법이 통과되고, 이듬해 7월부터 실시하
게 되었다.

안정화 정책으로 선회

1978년 선거 패배로 인해 비록 개각이 필요했다고는 하
지만, 신현확이라는 인물이 새로운 경제사령탑인 부총리겸
경제기획원 장관에 기용된 것은 매우 중요한 의미를 지니고
있었다. 성장 중심 경제 정책의 일대 전환을 예고하는 것이
었기 때문이다. 박정희로서는 뿌리째 흔들리는 경제의 중심
을 새롭게 잡아 나가는 데 적합한 인물로서 고심 끝에 신현
확을 선택한 것이다. 그는 소신이 분명하고 배짱이 두둑한
인물로서, 이전의 경제사령탑이었던 김정렴, 남덕우, 김용환
등과는 여러모로 다른 스타일이었다.

신현확은 취임 즉시 물가안정을 최우선으로 삼고, 이를
1979년 새해 업무보고에서 박정희에게 설명했다. 장밋빛 청

사진 제시는 온데간데없고, 고통과 시련을 감수하는 내용의 시나리오가 보고서의 주된 내용이었다. 경제기획원과 KDI 등이 얼마 전부터 "한국경제가 큰일 났다. 무리한 수출 드라이브 정책을 중단하고 물가안정에 주력해야 한다."라는 구조조정론을 제기해 왔는데, 신현확이 새 경제사령탑에 앉으면서 이를 덜컥 새로운 정책 방향으로 채택한 것이다. 그는 실무책임자 강경식 기획차관보를 중심으로 이른바 안정화 정책을 개시했다.

박정희로서는 신임 부총리 신현확의 거침없는 행보에 안심되기는커녕, 지금까지 자신이 이룩해 온 성장기반이 무너져 내리는 데 대한 불안감을 떨칠 수 없었다. 신현확의 주장은 한마디로 수출중심 성장우선 정책을 180도 바꾸겠다는 것이었다.

안정화 정책은 엄청난 고통과 저항을 몰고 왔다. 안정화 정책의 핵심과제가 수출금융 축소 및 폐지를 비롯해 중화학공업 투자 축소 및 연기 그리고 새마을 사업으로 추진되어 온 농촌주택개량사업 축소 등이었는데, 이들 모두가 대통령이 직접 주도해 왔던 것들이었다.

박정희는 안정화 정책이 마뜩잖았으나 한국은행이나 KDI 등에서도 같은 의견을 내 놓는 바람에 처음 몇 달 동안은 신현확의 제안대로 마지못해 따라갔다. 그러나 자신의 정책이

전부 뒤집어 지는 판에 마음이 편할 리 없었다. 더구나 경제 기획원이 중심이 돼서 추진하겠다는 금융 자율화, 수입 자유화 정책 방향에 대해 재무부와 상공부, 농림수산부 등이 합세해서 반대하고 나섰다. "실정을 모르는 개혁론자의 말대로 하다간 한국경제를 모두 망가뜨린다."라면서 오히려 수출과 중화학공업투자를 계속해 나가야 한다고 주장했다.

박정희는 갈피를 잡지 못했다. 마음에 들지 않는 안정화 정책을 계속 고집하는 신현확의 청와대 면담 자체를 기피하기도 했다.

결국 박정희는 전 재무부 장관 김용환을 개인적으로 다시 불러들여 재기용 언질을 주면서 준비를 지시했다. 경제성장론자들을 다시 불러들일 참이었다. 경제안정론의 선봉에 섰던 신현확의 경질은 시간문제였다.

그러나 한순간에 상황이 바뀌었다. 박정희는 암살당했고 (1979년 10월 29일), 신현확은 국무총리가 됐다. 임시정부 성격의 최규하 정권에서 정치는 심각한 혼돈에 빠져들었지만, 경제는 안정화 정책이 신현확 총리를 중심으로 오히려 날개를 달았다. 기획차관보 강경식은 총리의 절대 신임 속에 평소에 품어 왔던 개혁의지를 정책으로 펼쳐 나갔다. 그와 함께 안정화 시책의 밑그림을 그렸던 경제기획국장 김재익이 후일 전두환의 경제 선생이 되면서 물가안정 정책을 총지휘할 줄은 누군들 상상이나 했겠는가.

민심은 동향은 어떠했을까. 중앙정보부가 안정화 정책을 지지했다는 사실이 흥미롭다. 정보부로서야 당연히 정권 안보 여부가 모든 판단의 기준이었다. 그럼에도 불구하고 비인기 정책일 수밖에 없는 강력한 긴축 정책을 지지했다는 것은 당시의 경제상황이 정치적으로도 매우 심각했음을 말해주는 것이다. 부가가치세 도입을 반대했던 것도 마찬가지 이유에서였다.

고양이 목에 방울을 단 사람들

박정희 정권 말기에 추진된 경제 안정화 정책은 가히 코페르니쿠스적 전환이라고 할 만큼 획기적이었다. 과연 누가 고양이 목에 방울을 달았던 것일까.

이 같은 전환이 다름 아닌 박정희 시대가 키워 온 직업 관료들에 의해 시작·추진되었다는 점은 주목할 만하다. 박정희 경제에 앞장서 왔던 그들이 박정희 정책의 문제점을 지적하고 그에 대한 대안 제시와 새로운 처방을 주장하고 나섰던 것이다. 시키는 대로 하는 것에 익숙하고 권력에 약한 관료집단이 도대체 어떻게 위험을 무릅쓰고 고양이 목에 방울 달기를 겁 없이 주도했던 것일까.

한마디로 '박정희 키즈(Kids)의 반란'이었다. 1970년 후반에 들어오면서부터 경제기획원의 핵심관료들 사이에는 박정희식 경제 정책에 대한 위기의식이 확산되고 있었다. '반란'의 주모자 격이었던 강경식은 당시 상황을 다음과 같이 증언했다.

"1978년 당시 경제 관료들은 어떻게 하면 물가안정을 이루고 국제수지 흑자를 내는 경제를 만들 수 있는가 염원했다. …… 독일, 일본, 대만이 성공사례였다. 제1차 석유파동 때 우리는 경기부양에 역점을 뒀는데, 일본과 대만은 물가안정에 우선순위를 뒀다. 그래서 우리도 1979년 제2차 석유파동 때는 불황을 감수하더라도 물가안정 위주의 정책을 펴고자 했던 것이다."

이론적으로야 무슨 말인들 못하겠나. 그러나 공무원은 물론이고, 경제학자나 연구기관, 심지어는 언론조차 대통령의 심기를 거슬리는 정책 건의나 비판을 대놓고 하기 어려운 때였다. 이런 상황에서 경제기획원은 차관보 강경식, 기획국장 김재익 등을 중심으로 1978년부터 안정화 정책에 시동을 걸기 시작했다. 이들의 노력을 정책으로 만드는 데 지지하고 방어해 준 최후의 보루는 뒤늦게 부총리가 된 신현확뿐이었다.

경제기획원이 나서서 외롭게 안정화 계획에 불을 지피고 KDI의 경제학자들이 힘을 보태는 과정에는 세계은행을 비롯한 국제 경제기구들의 어떠한 건의나 경고도 없었다. 다시 말해 선진국 전문가들이 한국경제에 대한 경고등을 켜기 전에 한국의 경제 관료들이 스스로 빨간 불을 켜고 비상을 건 셈이었다. 실물경제를 주관하는 상공부와 금융기관을 관장하는 재무부, 그 밖의 농림부, 내무부 등 대부분의 부처들은 고통 감수를 요구하는 안정화 정책에 모두 반대했다.

박정희 용병술

박정희 정부에서 재무장관, 경제부총리, 경제특별보좌관 등을 역임한 남덕우는 박정희의 최대 장점이 무엇이었느냐는 질문에 서슴없이 "탁월한 용병술"이라고 말했다. 집권 초기의 혼란을 거치고 나름대로 경제 정책의 틀을 어떻게 가져갈 것인가에 대한 감을 잡은 박정희는, 남덕우의 말대로 특유의 용병술을 통해 사람을 키우고 또 적재적소에 활용했다.

박정희는 상대가 누구든 언제나 듣는 입장을 취했다. 보고를 듣는 것은 공부의 기회이자, 동시에 보고자의 됨됨이를 살필 기회기도 했다.

집권 초기에는 자신의 심복인 군인들에게 요직을 나눠 주

박정희 특유의 용병술을 통해 발탁된 이들은 박정희 경제의 기둥 역할을 했다.
(오른쪽 위부터 시계 방향으로 장기영, 김학렬, 김정렴, 신현확, 김만제, 오원철 김용환, 남덕우)

었으나, 이내 한계를 깨닫고 직업관료를 중심으로 학자들을 과감하게 영입했다. 이병철을 비롯한 부정축재 처벌 대상인 재벌 총수들에게 지도를 받는 것도 마다하지 않았다. 현안이 생길 때마다 전담반(task force)을 만들고, 거기서 내린 결론을 중심으로 문제를 풀어나갔다. 신문에 게재되는 칼럼이나 기고를 유심히 보고 발탁 인사에 참고하기도 했다. 남덕우를 재무장관에, 김만제를 KDI 원장에 기용할 때도 그들이 쓴 신문 칼럼을 주목했던 것이다.

박정희는 한번 믿고 맡기면 오래 중용했다. 경제 쪽은 더욱 신임했다. 그는 사람 보는 눈이 있었다. 발탁된 인물이었던 장기영, 김학렬, 김정렴, 남덕우, 김용환, 김만제 등은 박정희 경제의 기둥 역할을 해 냈다. 그들이 없었다면 박정희 경제가 성공할 수 있었을까 싶을 정도다.

장기영이 부총리 겸 경제기획원 장관에 발탁된 것은 1964년, 경제가 무엇 하나 제대로 돌아가는 것이 없던 때였다. 박정희는 강력한 리더십과 돌파력을 발휘할 인물이 필요했다. 한국은행 부총재를 거쳐 언론인(한국일보 사장)으로 변신했던 그에게 경제 정책의 총지휘권을 부여했다. 그는 폭발적인 추진력으로 물가를 잡는 한편, 사방의 반대를 물리치면서 외자도입을 밀어붙였다. 자신의 재임 중 재무장관이 4명이나 바뀌었는데, 이는 대통령 인사가 아니라 부총리 자신의 결정이었다 해도 과언이 아니었다. 박정희의 권한 위임이 어떠했는지를 단적으로 말해준다.

또 한 명의 스타플레이어 김학렬은 전문 경제 관료 1호로서 박정희의 총애를 한몸에 받았다. 장기영이 일단 밀어붙이고 보는 공격형 경영자였다면, 김학렬은 철저하게 따지고 챙기는 컴퓨터형 경영자였다. 그는 특히 대통령의 의중을 포착하는 데 능했기 때문에, 포항제철과 경부고속도로 건설 등 박정희 산업화의 두 상징 사업을 완성하는 데 없어서는 안 될 핵심 역할을 해냈다. 그는 박정희의 정치자금까지 관리했을 정도로 관료의 범주를 벗어나기도 했으나, 깐깐한 성품에

청렴했다. 박정희는 국무총리를 세 번이나 바꾸면서도 김학렬은 부총리에 계속 유임시켰다.

그다음으로 등장한 인물이 대학 교수 남덕우였다. 그는 장기영, 김학렬과는 전혀 다른 부류의 경제학자였다. 박정희는 정부 평가교수단의 일원으로 정연한 이론을 펴는 그를 눈여겨보다가 재무부 장관에 파격적으로 발탁했던 것이다. 1970년대 한국경제가 어떻게 달라져야 할 것이며, 경제 사령탑을 어떤 인물에게 맡겨야 하는지를 나름대로 간파하고 작정한 인사였다.

남덕우는 온화하고 얌전했으나 이론과 소신이 분명한 이코노미스트였다. 그러나 특유의 설득력과 대인관계로 대통령의 통치철학을 훌륭히 소화해내면서 시장경제의 큰 틀을 만들어 나갔다. 막히면 돌아갔고, 무슨 일이든 소리 없이 조용히 해냈다.

김정렴의 중용은 박정희 용병술의 결정판이랄 수 있다. 1970년대 그의 역할은 박정희 대리인 격으로, 무려 9년 3개월 동안 비서실장을 맡았다. 재무부 장관과 상공부 장관을 두루 거치는 동안 김정렴은 이미 박정희 머릿속에 점지되어 있었다. 박정희 자신은 안보에 전념해야겠다고 판단을 하면서 경제의 총괄적인 관리를 그에게 맡겼다.

대통령이 많은 권한을 비서실장에게 위임했지만, 그는 절대 나서는 법이 없었다. 항상 모든 일은 장관 위주로 하게 했고, 자신은 뒤에서 챙겼다. 그러나 결정적인 때는 소신을 굽히지 않았고, 그럴 때마다 박정희는 예외 없이 김정렴의 손을 들어줬다. 부가가치세 도입 결정이 그런 경우였다.

박정희 정권의 집권 기간이 18년이라는 점도 있었지만, 박정희 시대의 장관 수명은 길었다. 남덕우는 재무부 장관을 4년 11개월, 이어서 부총리 겸 경제기획원 장관을 4년 3개월이나 했다. 김만제 KDI 원장은 37세의 젊은 나이에 초대 원장을 맡아서 박정희가 최후의 순간을 맞을 때까지 11년간이나 자리를 지켰다.

박정희 역시 정치적 요직이나 권력에 민감한 자리에 세력견제나 정치적 배려 차원의 노회한 용인술을 구사했으나 경제부문은 달랐다. 박정희에게 경제는 전문기술자의 영역이었고, 정치인들이나 권력자들이 넘보지 못하도록 막아주는 역할을 대통령이 해야 한다고 생각했다. 따라서 경제장관 인사는 전문성을 많이 따졌고, 차관에 대한 인사권은 장관이 행사토록 했다. 장관의 권한과 책임이 셀 수밖에 없었다.

비리 문제에 대해서도 나름대로 원칙이 있었다. 기업의 특혜가 제도화되어 있었고 정치자금이 공공연히 이들로부터 조달되는 마당에, 장관이든 실무자든 털어서 먼지 안 날 사람이 없던 시절이었다. 투서도 많았고, 정보기관의 감시도 일상화됐던 때였다. 그러나 박정희에게는 뇌물을 먹었느냐 안 먹었느냐는 둘째고, 계획한 공장이 제대로 지어졌는가가 첫째였다. 장·차관들에 대한 뇌물투서가 무수히 올라왔지만, 박정희는 문제의 인물이 맡은 바 일을 제대로 하고 있는지를 먼저 보고 나서 처벌 조치를 취하거나 아니면 투서를 아예 휴지통에 버리기도 했다.

그러나 믿고 맡기는 인사도 경제가 잘 돌아갈 때 이야기다. 정권 말기에 해당하는 1978년의 선거패배로 단행한 인사에 이르러서는 전에 없이 흔들렸다. 신임했던 김정렴, 남덕우, 김용환을 모두 내보내고 신현확에게 지휘봉을 맡길 즈음의 박정희는 그전 같은 평정심을 유지하지 못했다.

탁월했던 용병술이 정상궤도를 벗어난 것은 비단 경제 분야뿐만 아니었다. 경호실장 차지철, 비서실장 김계원, 중앙정보부장 김재규를 측근 3인방으로 임명하면서부터 심각한 사달이 나기 시작했던 것이다. 자타가 인정했던 인사의 달인이 결국 자신이 임명한 정보부장의 총탄에 최후를 맞았으니 참으로 아이러니한 일이다.

박정희 다시보기

'박정희가 잘했다.'라는 긍정적인 평가가 나오기 시작한

것은 그리 오래된 일은 아니다. 집권 말기의 심각한 경제상
황은 오히려 박정희 패러다임의 비참한 말로처럼 여겨졌던
때도 있었다. 그의 집권기간 중에 한국경제가 획기적으로 발
전했다고 하지만, 그가 암살당했던 1979년의 1인당 국민소
득은 1,700달러 수준에 불과했다. 더구나 극심한 불황과 인
플레이션으로 인해 경제는 심각한 위기에 빠져들고 있었으
며, 박정희 자신도 막판에 가서는 전에 없이 자신감을 잃어
가고 있었다.

우선 다음 정권인 전두환 정부의 평가부터 곱지 않았다.
잘한 점도 있지만 잘못한 점이 많았다는 식이었다. 그럴만도
했다. 전임 정권이 벌여 놓은 중화학공업 과잉투자의 부실화
문제와 만성 인플레이션 문제를 해결하는 것이 발등의 불이
었기 때문이다. 여기에 더해 전두환 집권의 정당성을 드러
내기 위해서는 박정희 정권의 잘못한 점을 부각시킬 필요가
있다고 판단했던 것이다. 그런 이유로 박정희가 만든 부가가
치세를 폐지시키는 방안을 구체적으로 검토한 일도 있었다.

그러다가 1980년대 중반 들어 경제가 물가안정을 기반으
로 '3저 호황'을 맞아 크게 좋아지면서부터 비로소 박정희
시대에 대한 재발견 움직임이 일기 시작했다. 구체적인 사례
가 중화학공업이었다. 그동안 중화학공업은 박정희 경제가
저지른 과잉투자의 표본처럼 비판받아 왔는데, 중화학공업

제품들이 불과 몇 년 만에 수출의 효자 역할을 하고 있다는 사실을 발견했다. 전두환 시대에서 이룩된 도약의 발판이 박정희 때 만들어졌음을 새삼 인식하게 된 것이다.

독재정치에 대한 비난을 뒤로하고, 거꾸로 박정희 시대에 대한 평가가 긍정적으로 바뀌는 현상은 그가 뿌린 내린 경제개발의 씨앗들이 시간을 두고 결실을 맺으면서 시작된 일이다.

또 한 차례 박정희 업적에 후한 평가를 보태기 시작한 계기는 1997년 외환위기를 맞으면서였다. 3저 호황 때 경제가 잘 된 이유를 거슬러 찾는 과정에서 박정희 공적을 발견한 것처럼, 이번에는 외환위기를 초래한 중대한 원인 중 하나가 박정희 같은 '강력한 리더십'이 없었기 때문이라는 쪽으로 여론이 돌아섰기 때문이다. 경제 민주화 바람 이후 한국경제가 10년간 방황한 것이 리더십 부재에서 비롯되었다고 느꼈던 것이다.

평생 박정희를 비판했던 김대중의 평가가 어떠했는지도 매우 흥미롭다. 그는 1970년대 초부터 박정희의 수출주도 경제를 격렬하게 비판해 왔다. 그러나 자신의 저서 『대중참여경제론』은 개정판을 통해 박정희의 공로를 대폭 인정하는 쪽으로 고쳤다. "하면 된다는 자신감을 국민에게 심어준 강력한 리더십을 발휘했다."라고 높이 평가하는 대목도 나온다.

박정희 경제에 대한 평가는 아직도 진행형이다. 그의 족적이 너무도 크기 때문이다. 박정희 경제를 다시 보기 위한 요령은 집권 18년을 세 구간으로 잘라 보는 것이다. 시행착오를 거듭했던 군사정권 첫 2년 6개월, 그리고 수출을 앞세운 산업화가 본격적으로 추진되었던 10년 남짓, 마지막으로 중화학공업을 중심으로 한 유신 체제의 경제 정책 등으로 구분해서 살펴볼 수 있다.

박정희 경제를 산업화라는 용어만으로 담아내는 것은 부적절하다. 그는 공장을 짓고 다리만 놓은 것이 아니라, 쌀의 다수확 품종을 개발시켜 주식 자급을 이룩했고, 한국과학기술원(KAIST)이나 대덕연구 단지를 만들어 오늘의 기술입국에 초석을 닦았다. 국세청을 통해 세금 걷은 제도를 만들었고, 복지 정책으로 의료보험제도를 처음 시작했다. 오늘날 한국 정부의 기본 틀이 박정희의 손에 의해 완성되었다 해도 과언이 아닐 정도다.

박정희가 무엇을 이룩했는지도 중요하지만 어떻게 했는지도 주목할 만하다. 그는 군 사령관 출신답게 초장부터 전쟁하듯이 밀어붙였다. 판단과 집행이 빨랐고, 수많은 비판과 반대, 부작용에도 아랑곳하지 않고 과감하게 부수고 바꿨다.

초기의 박정희는 공장 건설에 몰두한 프로젝트 매니저 같았다. 외국 차관으로 시멘트 공장, 비료 공장, 정유 공장, 제철 공장 등을 서둘러 짓는 일에 전력투구했다. 필요하면 기업 총수들을 수시로 불러 담판을 지었고, 말단 공무원이라도 아이디어만 좋으면 직접 상대했다. 경제개발 이외에는 관심이 없었다. 필요한 공장만 계획대로 지을 수 있다면 웬만한 허물이나 부정을 고발하는 투서가 들어와도 모른 척 했다.

판단하는 과정은 신중했지만 일단 결심이 서면 반대를 허용치 않았다. 반대를 물리치는 독단적 정책결정 과정이 많은 논란과 부작용도 불렀다. 반대를 무릅쓰고 추진한 포항제철이나 경부고속도로 건설처럼 박정희의 용기와 결단에 찬사를 보낼 수밖에 없는 일도 있었는가 하면, 다른 한편으로는 정치적 탄압으로 반대 세력을 부당하게 억압했던 부정적 측면 또한 엄연한 사실이었다.

40년 인플레를 잡다, 전두환 시대

경제 대통령

전두환은 역대 대통령 호감도 조사를 보면 어느 경우에나 꼴찌에 속한다. 5·18광주민주화운동의 유혈진압이나 재임 중의 축재, 친인척 비리 스캔들로 이미지가 결코 좋을 수 없다. 하지만 그런 과오에도 불구하고 그의 경제 치적은 결코 과소평가될 수 없다.

박정희 시대가 한국의 경제발전 기틀을 마련한 것은 사실이나, 앞에서 살펴본 것처럼 정권 말기의 부작용과 어려움은 매우 심각했다. 무력으로 정권을 잡은 전두환은 박정희 경제의 막판 위기 상황을 어렵사리 극복해 냈고, 한국경제를 여러 면에서 한 단계 끌어올렸다. 건국 이후 계속 되던 만성 인플레이션을 근절시켰을 뿐 아니라 고도성장 시대를 부활시켰고, 여기에 더해 감히 엄두도 내지 못했던 국제수지 흑자 시대를 열었다. 처음으로 물가안정, 경제성장, 국제수지흑자라는 소위 세 마리 토끼를 한꺼번에 잡은 대통령이었다.

사실 경제성장도 잘하고, 물가도 안정시키고, 국제수지도 흑자를 만들어 낸다는 것은 전문가들 사이에서도 불가능한 것으로 여겨 왔었다. 그런 것을 전두환 정권이 이뤄낸 것이다. 아무도 전두환 정권이 '세 마리 토끼'를 잡아낼 것으로 기대한 사람은 없었다. 원래 전두환은 경제에 문외한이었다. 세 마리 토끼가 무얼 뜻하는지도 몰랐던 인물이다. 하지만 그는 집권 초기부터 철권통치로 비판과 저항을 봉쇄한 가운데 물가안정 정책에 총력을 기울였고, 유능한 전문 인력을 기용했으며, 본인 스스로 열심히 경제공부를 해 나갔다.

경제를 운용하는 기본 틀은 전임자 박정희를 그대로 따라했다. 정치적 억압 면에서는 오히려 유신 시대의 박정희를 능가했다. 언론을 장악한 가운데 경제 관료들을 중심으로 강력한 경제 우선 정책을 펴는 바람에, 법이나 제도를 만드는 국회의원들은 박정희 시대에 이어서 별다른 영향력을 행사할 수 없었다.

전두환은 역대 대통령 중에서 가장 운이 좋은 대통령이기도 했다. 재임 중반에 국제 원윳값이 떨어진 것을 비롯해 국제금리와 달러 값이 동반 하락하는 소위 '3저 호황'이 전두환 경제를 결정적으로 도왔다. 하지만 대외 여건 덕을 봤다고 해서 그의 치적을 과소평가할 순 없다. 3저 호황은 세계 모든 나라가 겪었지만 유독 한국경제가 3저 현상을 잘 활용해서 좋은 성과를 만들어 냈기 때문이다.

물가안정은 원윳값 하락에 도움을 받기도 했지만, 이전부터 전두환 정권이 추진했던 강력한 긴축 정책 등 지독한 노력이 있었기에 가능했다. 또한 개방 정책이나 투자확대 정책 등을 미리미리 준비했었기 때문에 타이밍을 잃지 않고 대외 여건 호전의 상승 물결에 올라탈 수 있었다.

예산동결 같은 파격적인 조치는 일종의 정치적 자살행위나 마찬가지였다. 그럼에도 불구하고 전두환은 정부 스스로 허리띠를 졸라매는 결단을 내림으로써 재정안정화의 기틀을 마련했다. 지금까지도 한국의 재정 상태가 다른 나라에 비해 양호한 것은 당시의 재정혁신 덕택이다.

산업 쪽에서는 전임 정권에서 넘어온 중화학공업 과잉투자와 부실 문제를 해결했고, 전자교환기 도입 등을 시작으로 오늘의 통신 혁명 인프라를 구축했다. 오늘날 인터넷 강국이 될 수 있었던 기본 터전이 이때 마련되었던 것이다. 재벌의 경제력 집중 문제에 대처하기 위한 공정거래제도도 정권 초기에 도입되었는데, 기업들이 반대할 겨를도 없이 신군부가 후다닥 결정했다. 박정희 시대의 연장선에서라면 엄두를 낼 수 없는 일들이었다.

이처럼 전두환 시대의 한국경제는 여러 방면에서 도약적인 발전을 기록했고, 전두환은 스스로 경제대통령임을 자임했다. 그러나 이 같은 성과에도 불구하고 최대의 실패라는 비판을 면키 어려운 것이 노동 정책이었다. 그는 집권 이후 줄곧 노동조합에 대한 탄압을 강화했다. 3저 호황으로 노동 정책을 정상화할 호기를 맞았으나, 전두환은 이때에도 노동 문제에는 관심이 없었다. 그는 노동조합의 활성화를 사회불안 요인으로 간주했던 애당초의 강박관념에서 벗어나지 못했다. 결국 80년대의 잘못된 노동 정책이 후일 노동시장에서 두고두고 심각한 왜곡 현상을 초래하는 화근으로 작용하게 된 것이다.

최악의 경제와 정치적 혼란

전두환 시대의 경제 정책을 올바로 이해하기 위해서는 첫 출발 때의 정치·경제 상황을 되짚어 봐야 한다. 앞에서 살펴보았듯이 1960년대 중반부터 발동이 걸린 박정희 경제는 많은 기복을 겪으면서도 수출 중심의 공업화를 통해 괄목할만한 경제성장을 거듭해 왔다. 1970년대에 들어와서는 베트남 특수와 중동 해외건설을 통해 한때나마 국제수지 흑자를 기록하기도 했다. 해외에서 벌어들이는 달러가 국내에 한꺼번에 쏟아져 들어오는 바람에 부동산투기 현상이 빚어지기까지 했다. 그러나 1978년 제2차 석유파동이 터지면서 해외경기가 불황에 빠지고, 국내 경제는 과도한 중화학공업투자에 따른 부실화와 무리한 새마을 사업 확장 등으로 심각한 딜레마에 직면했다.

중화학 제품은 품질이나 가격 면에서 국제경쟁력이 턱없이 낮았음에도 계속 시설투자를 확대하는 상황이었고, 시멘트를 비롯한 건축자재 품귀현상이 나타나 시중 판매가격이 천정부지로 치솟는데도 이에 아랑곳없이 정권차원의 새마을 사업은 계속 진행되고 있었다. 모두가 대통령 박정희의 특명으로 추진되어 온 사업들이었다. 뒤늦게나마 경제 관료들이 나서서 성장일변도의 정책 방향에서 물가안정으로 선회를 시도하였으나 여의치 않았다.

이처럼 경제가 매우 어려운 상황에서 절대 권력자 박정희가 암살당한 것이다. 하필이면 쌀농사까지 병충해로 인해 대흉년이 들어 민심은 극도로 흉흉했다. 정치적 혼란, 경제적 위기, 사회적 불안이 동시에 밀어닥쳤던 셈이다. 1980년의 경제성장률은 -1.9%, 국제수지 적자는 50억 달러, 소비자물가 상승률은 28.7%나 올랐다. 한국경제는 앞이 캄캄했다.

권력의 진공상태 속에 정치적 혼란은 극에 달했던 반면, 경제 정책은 한동안 정치권의 간섭에서 벗어나 경제 관료들의 손에 넘어갔다. 수출지원과 중화학투자를 줄이고, 허리띠를 조이고, 물가안정에 힘을 쏟고 싶어도 대통령의 눈치를 보느라 엄두를 내지 못했던 경제 관료들이 대통령이 사망하자 의도했던 안정화 정책을 본격적으로 추진하기 시작했다. 박정희가 죽고 나서야 비로소 박정희 정책에 대한 수정작업이 가능해 졌던 것이다.

전두환은 이런 흐름 속에서 권력을 잡자 모든 에너지를 물가안정에 쏟아 부었다. 그로서는 박정희 경제의 부작용을 서둘러 해소해 보임으로써 국민의 지지를 얻을 수 있다고 믿었고, 그것은 바로 만성적인 인플레이션을 퇴치하는 일이라고 확신했던 것이다. 물가가 안정돼야 국민의 생활도 나아지고 수출경쟁력도 회복되어 다시 경제가 활력을 찾게 된다는 과외 선생님의 가르침을 충실히 이행해 나갔다.

경제는 당신이 대통령이야

역대 대통령 중에서 전두환처럼 경제공부를 체계적으로

열심히 한 인물도 없을 것이다. 그가 처음 경제에 관심을 갖게 된 것은 보안사령관(지금의 기무사령관) 때였다. 보안사령부라는 곳이 중앙정보부(지금의 국가정보원) 못지않은 막강한 군 정보기관이었으므로 전두환은 정치나 경제동향에 대한 안목을 길러야 할 필요성을 느꼈다. 그는 재무부 관료 출신으로 경제과학심의회 상임위원(차관급) 박봉환을 첫 가정교사로 모시고 경제 과외를 시작했다. 당시로써는 박정희의 죽음을 예상했을 리 없었고, 더구나 자신이 대통령이 될 것이라는 생각은 꿈에도 했을 리 만무한데, 묘하게도 보안사령관 시절에 경제공부를 시작했던 것이다.

경제 선생 박봉환과 김재익을 만난 것은 전두환에게 행운이었다. 첫 번째 가정교사 박봉환은 박정희 시대의 성장일변도 정책에 비판적이었으며 철저한 안정론자였다. 박봉한은 여러 차례 보안사령관 전두환의 집무실에서 한국경제의 현실을 가르쳤고, 물가안정이 얼마나 절실한가를 알아듣기 쉽게 설명했다. 예컨대 "국민을 못 살게 하는 측면에서는 히틀러보다 더 나쁜 놈이 인플레이션"이라고 가르쳤다. 전두환은 경제 공부에 매우 흥미로워했고 열심이었다. 심지어 부하들을 불러서 자신이 배운 내용을 자랑삼아 강의하는 일까지도 있었다.

그랬던 그가 정권을 잡았으므로 경제 정책의 기본 방향

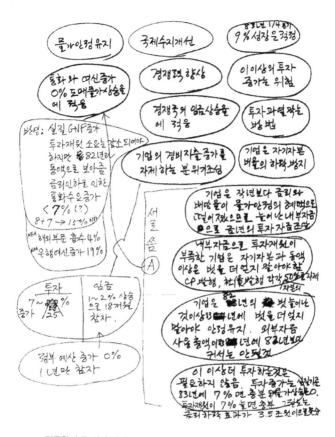

전두환의 두 번째 경제 선생인 김재익이 자필로 쓴 경제강의록 메모.
김재익은 아무리 복잡한 경제문제도 쉽게 풀어서 설명, 설득하는 기술이 탁월했다.

대통령의 결재를 받는 김재익 청와대 경제수석. 전두환은 그를 절대적으로 신임했다.

은 이미 서 있는 것이나 마찬가지였다. 결정적인 것은 두 번째 가정교사인 김재익을 만난 것이다. 전두환은 1979년 12·12사태로 정권을 잡고 여러 경제전문가들을 불러 '테스트 삼아 경제공부를 해 본 다음, 전임 선생보다 더 철저한 안정론자 김재익을 선택한 것이다.

개혁 성향이 강한 김재익은 박정희 정권 말기에 남덕우에게 발탁되어 경제기획원 기획국장을 맡았으나 심각한 좌절을 겪고 있었다. 딜레마에 빠진 한국경제를 구출하기 위해서는 안정화 정책을 비롯한 과감한 개혁조치를 해야 한다는 소신과 여러 아이디어가 직업 관료들의 집단 따돌림 속에 아무 힘을 쓰지 못했기 때문이다.

김재익은 백지에 그림을 그려 나가듯이 자신의 개혁 구상을 펼쳤다. 전두환은 경제에 문외한이었으나 학습 소화 능력이 뛰어났고, 김재익은 아무리 복잡한 경제문제도 쉽게 풀어서 설명·설득하는 기술이 탁월했다. 세 마리 토끼라고 하는 성장·물가·국제수지가 무엇을 의미하는 것인지, 상호 어떤 관계에 있는지를 명쾌하게 깨우쳐 줬다. 물가안정이 왜 최우선과제가 되어야 하는지, 시간이 걸리고 어렵더라도 금융 자율화와 개방 정책이 어떻게 한국경제에 도움이 되는지를 전두환의 머릿속에 깊이 입력시켰다. 전두환은 그의 가르침을 잘 이해하고 통째로 외우다시피 했다. 전두환은 대통령에 취임하면서 그를 첫 경제수석에 기용했고 그가 코치하는 대로 경제운영의 기본을 구상했다. 김재익의 개혁 정책을 견제하려는 군부의 움직임에도 불구하고 전두환은 "경제는 당신이 대통령이야."라며 그를 절대적으로 신임했다.

물가를 안정시킨 독재자

한국경제의 만성적인 현상이었던 인플레이션을 퇴치한 것은 누가 뭐라 해도 전두환의 업적이다. 결코 쉽지 않은 일이었고, 그런 목표가 달성되리라 예상했던 사람들은 거의 없었다. 독재자가 인플레이션을 일으킨 경우는 많아도 인플레이션을 잡은 경우는 역사적으로도 드물다. 박정희 시대에서 시동은 걸었으나 제대로 진척되지 못하던 안정화 정책은 전두환 시대로 넘어오면서 본격적으로 추진됐다.

원래 국민이 가장 꺼리는 경제 정책이 인플레이션을 잡기 위한 긴축 정책이다. 결과적으로 물가가 안정되는 것은 좋지만, 인플레이션을 잡기 위해 돈줄을 조이거나 임금을 억제하는 정책은 매우 고통스럽기 때문이다. 전두환은 집권 초기부터 강력하게 은행 돈줄을 조이는 한편 정부 스스로도 예산을 쥐어짰고, 기업들한테는 임금 억제를 강요했다. 노조도 강력한 탄압 속에 정부 정책에 고분고분 따라갈 수밖에 없었다. 임금이 오르고 물가가 더 오르는 악순환을 끊어야 한다는 경제교육을 전 국민이 귀가 따갑게 들어야 했다. 1980년의 도매물가 상승률은 제2차 석유파동까지 겹쳐 무려 42.3%나 됐다. 이런 물가상승률을 한 자리 숫자로 낮추겠다는 것이 김재익 청와대 경제수석이 주도한 전두환 정권의 목표였다.

언론이나 경제학자들은 '한자릿수 물가'를 두고 꿈같은 소리라며 코웃음을 쳤다. 경제기획원의 물가정책국 실무자들마저도 1981년의 물가억제 목표를 잘해야 20% 정도로 보고 있었다. 그러나 통계로 나타난 실적은 뜻밖이었다. 소비자 물가 기준으로 1981년에 13.8%를 기록하더니, 1982년에는 2.4%, 1983년에는 -0.8%로까지 떨어졌다. 상상도 못하던 일이 현실로 벌어진 것이다. 비록 반대와 비판을 봉쇄한 가운데 독재의 힘으로 밀어붙였다 해도, 정부 스스로 고통을 감내하는 비인기 정책을 일관되게 추진한 끝에 이 같은 결실을 일궈낸 셈이다.

그 과정이 순탄했을 리 없었다. 가장 큰 어려움은 쌀값을 억제하는 일이었다. 박정희 시대 이후로 정부는 농민들이 생산한 쌀을 시중 가격보다 비싸게 사 주는 이중곡가제도를 써 왔다. 정부가 그 돈(재정 적자)을 충당하기 위해 한국은행에서 빚을 많이 얻었는데, 그 바람에 시중에 돈이 많이 풀려 인플레이션을 자극하는 현상이 악순환을 거듭해 왔었다. 농가소득을 늘려주기 위해서 한국은행이 그만큼 더 돈을 찍어내는 정책을 펴 왔던 것이다. 김재익은 이 악순환을 끊기 위해서는 농민들한테 비난을 받더라도 정부가 사들이는 쌀값(추곡수매가격) 인상률을 대폭 낮춰야 한다고 판단했고 대통령을 설득시켰다.

1981년, 야당은 농민들 편에서 서서 수매가격을 45.6%나 올려달라고 요구했다. 정부 안에서도 농림수산부는 수매가격이 최소한 24% 정도는 돼야 한다는 입장이었다. 실랑이 끝에 타결된 추곡수매가 인상률은 14%였다. 당시로써는 파격적으로 낮춘 결정이었다.

운도 따랐다. 1982년의 물가상승률이 마이너스로까지 떨어졌던 것은 정부 노력도 있었지만, 근본적인 요인은 국제원자잿값이 하락한 덕분이었다. 치솟기만 하던 원윳값이 4.5%나 떨어지는 것을 비롯해 다른 원자재 값도 함께 내리는 덕을 봤던 것이다.

이 같은 대외환경 요인도 중요하지만, 또 하나 빼놓을 수 없는 것은 이른바 '물가 오름세 심리(인플레이션 마인드)'라는 오랜 콤플렉스에서 벗어날 수 있었다는 점이다. 원래 물가는 "오른다. 오른다." 하면 오르지 않을 것도 오르는 법인데, 한국경제는 이 같은 만성적인 물가오름세 심리가 오랫동안 뿌리내려 왔다. 그랬던 것이 기대 이상으로 물가가 안정되는 것을 체험하게 되면서 물가불안 심리가 자연스럽게 사라지고, 오히려 물가안정에 대한 자신감이 붙기 시작했던 것이다.

전두환은 여기에 만족하지 않고 내친김에 김재익의 조언에 따라 더 강력한 조치를 들고 나섰다. '예산동결조치'를 결행한 것이다. 박정희가 넘겨 준 짐 중의 하나가 고질적인 재정 적자였다. 경제성장을 뒷바라지하느라고 항상 수입(세입)보다 지출(세출)이 많았다. 이 같은 현상이 오래되다 보니 부족한 돈을 한국은행이 찍어서 충당해야 했고, 이렇게 풀린 돈이 만성적 인플레이션의 큰 요인으로 지목되어 왔었다.

김재익 경제수석은 정부가 습관적으로 해온 적자 예산 편성을 고치기 위해서는 담배를 끊는 것과 같은 결단을 내려야 한다고 판단했다. 그는 정부 씀씀이의 나쁜 버릇부터 고쳐야 진정한 물가안정을 이룩할 수 있다고 믿었다. 그래서 전두환을 설득시켜 마련한 카드가 '세출 예산동결조치'였다. 1984년의 세출 예산을 총액기준으로 전년도 예산에서 한 푼도 늘리지 않는다는 것이다. 경제가 성장하면 세금 수입은 저절로 늘어나게 마련인데, 정부 씀씀이를 묶어버리면 정부 살림살이는 자동으로 흑자를 낼 수밖에 없다. 흑자를 낸 돈으로 그동안 정부가 진 빚을 갚아 재정을 튼튼하게 하고 인플레이션을 촉발하는 일도 없도록 하겠다는 것이 김재익의 예산동결 시나리오였다.

여당인 민정당은 강력히 반발했다. 예산동결은 1984년에 적용되는 것인데 이듬해가 국회의원 선거의 해였다. 민정당은 "선거를 포기하겠다는 건가."라면서 거칠게 반발했다. 그러나 전두환은 "물가안정을 위해 정부가 허리띠를 졸라매는데 여당이 반대하면 어떻게 하는가. 예산동결 탓에 선거에 진다면 그런 선거는 져도 좋다."라며 언성을 높였다.

예산동결은 실무자들 사이에도 반대가 많았다. 그러나 전두환은 반대의 선봉에 섰던 예산실장을 갈아치우는 것을 신호탄으로 예산동결을 일사천리로 밀어붙였다. 군 장성 2명이 국방비 삭감을 예산실에 항의하다가 좌천당하는 일도 벌어졌다. 철도·항만·도로건설 등 사회 간접시설 예산 증액 같은 것은 엄두도 내지 못했다. 공무원들의 임금동결은 당연했다. 정부의 물가안정 의지를 안팎으로 다지는 데는 예산동결 이상의 것이 없었다. 1984년의 예산은 세출동결을 통해 만들어낸 5,500억 원의 흑자를 몽땅 정부의 빚을 갚는 데 썼다.

금융 정책 면에서도 김재익은 전두환의 신임을 등에 업고 파격적인 조치를 불사했다. 인플레이션이 심각했을 때는 오히려 금리의 파격적인 인상을 주장했던 그가 1983년에 와서는 '한자리 물가 시대'를 예언하면서 금리를 한자리로 내리게 했던 것이다. 이때도 사방에서 반대가 심했으며, 금융시장을 모르는 무식한 처사라고 공격했다. 그러나 김재익은 아랑곳없이 은행금리를 단번에 4%포인트를 떨어뜨렸다. 1년 만기 정기예금금리 12%가 하루아침에 8%로 낮아진 것이다. 물론 부작용도 많았지만, 김재익은 정책을 굽히지 않았다. 돈을 많이 푼 것이 물가불안의 원인이라면 돈줄을 조이고 금리를 올리는 긴축 정책이 옳지만, 이젠 금리를 낮춰서 원가부담을 줄이고 저금리를 통해 인플레이션 기대심리를 확실히 꺾어 놓아야 한다는 것이 김재익의 논리였다.

이처럼 물가안정의 정책을 구상하고 실천에 옮긴 사람은 김재익이었으나 모든 것은 전두환의 절대적 신임과 결단이 있었기에 가능했던 것이다. 돌이켜보면 연간 물가상승률 목표를 2~3%로 책정한 것 자체가 일종의 몽상이었다. 어쩌면 김재익의 몽상을 신뢰한 사람은 전두환 혼자뿐이었을지도 모른다. 박정희 경제가 대통령 자신의 확고한 경제관으로 추진됐다고 한다면, 전두환 경제는 경제 선생이자 참모인 김재익에 대한 전두환의 절대 신뢰에 의해 소기의 목적을 극적으로 달성할 수 있었던 셈이다.

아무튼 고통을 감내하는 물가안정 우선 정책은 1980년부터 시작해 무려 4년간이나 지속되었다. 불황의 터널이 그만큼 길고 지루했다는 이야기기도 하다.

그렇다고 전두환 정권이 경기부양을 전혀 외면했던 건 아니다. 여러 가지 부양책을 동원했었다. 그러나 어떤 경우에도 물가안정 기반을 해치지 않는 범위에서 제한적으로 허용된 부양책이었다. 경제 전체의 체질 개선을 위해 구조조정을 줄기차게 해 낸 것은 건국 이후 처음이었다. 박정희 경제에 대한 대대적인 수선기간이었던 셈이다.

단군 이래 최대의 호황

집권 중반에 해당하는 1984년에 접어들자 물가안정 정책은 굳히기 작전에 들어갔고, 비판적이던 언론과 학자들도 고개를 끄덕일 수밖에 없었다. 물가뿐 아니라 경기도 회복의 기미를 보였고, 수출이 회복되면서 국제수지도 호전의 기미를 보였다. 물가안정 기반이 착실히 다져진데다가 1985년 G5 정상회담을 계기로 국제금리와 달러, 원윳값이 함께 떨어지는 이른바 3저 시대가 열리면서 한국경제는 빠른 속도로 호전되어 갔던 것이다.

배럴당 40달러를 넘나들던 국제 원윳값이 1986년 7월에는 5달러까지 폭락했고, 국제금리 역시 20% 정도였던 것이 한 자리 숫자로 내렸다. 정부는 당초에 세웠던 성장률이나 국제수지 등 주요 정책 목표들을 더 잘되는 쪽으로 모조리 수정해야 했다. 외채의 금리부담과 원윳값 부담이 한꺼번에 줄어드니 국제수지 걱정을 덜게 됐고, 국제경기의 회복으로 수출 또한 활기를 띨 것이 분명했다. 게다가 달러가 떨어져 외채 상환 부담이 자동으로 줄었다.

마침 김재익 후임으로 경제수석이 된 사공일과 김만제 경제부총리 팀은 이 같은 흐름을 읽고서 종래의 물가안정 일변도의 긴축 정책에서 벗어나서 성장 쪽으로 정책 방향을 선회한 것이 딱 맞아떨어졌다. 더구나 과잉투자로 그동안 속을 썩여 왔던 중화학공업 분야에 빛이 들기 시작했다. 30~40%에 불과하던 공장가동률이 70~80% 선으로 올라갔고, 분야에 따라서는 증설을 해야 하는 경우도 생겨났다. 불

효자가 어느 날 갑자기 천하의 효자가 된 것이다.

1986년부터 1988년까지 3년간 연평균 경제성장률은 12%를 기록했고, 이때의 경상수지 흑자 규모는 무려 286억 달러에 달했다. 아시안게임과 서울올림픽도 성공적으로 치러냈다. 그토록 요란했던 '외채망국론'도 1985년을 고비로 자취를 감췄다. 국제수지에서 흑자가 난 돈으로 외채를 갚아나가자, 467억 달러에 달했던 총 외채(1985년 기준)가 1989년에는 300억 달러 밑으로 떨어졌다.

전두환 정권 말기의 한국경제는 그야말로 단군 이래 최대의 호황을 구가했던 셈이다. 물가야 원래 안정됐던 것이고, 수출 호조로 국제수지 문제와 성장 문제가 한꺼번에 풀렸으니 한국경제의 모든 골칫거리가 죄다 해결됐다 해도 과언이 아니었다.

전두환은 정권을 내려놓는 순간까지도 "죽어가던 한국경제를 내가 살렸다."라는 확신에 차 있었다. 정권 말기에 이르러 박종철 고문치사 사건이 터지고, 6·29선언(민주정의당 노태우 대표가 민주화와 대통령 직선제 개헌 요구 수용을 발표한 특별선언)을 계기로 정치적으로 엄청난 어려움에 처하면서도 경제 정책만은 전혀 위축됨이 없었다. 전두환은 다음 정권에서 제아무리 세상이 바뀐다 해도, 자신이 구축해 내놓은 경제 정책들은 그대로 계승될 것으로 믿어 의심치 않았다. 더구나 친구에게 정권을 넘겨줬으니 당연히 그럴 것으로 기대했다. 정권이 바뀌었지만 재무부 장관을 비롯해 몇몇 주요 부처 장관들이 그대로 유임된 것이 그러한 증거였다.

수입개방이 본격화되다

한국경제 수십 년 동안 수출은 선(善)이요, 수입은 악(惡)으로 통했다. 모든 정책은 수출을 늘리고 수입을 억제하는 데 초점을 맞췄다. 이러한 정책은 이승만과 박정희 시대를 거치면서 가장 흔들림 없는 방향이었다. 국제수지는 항상 적자고, 외채를 끌어들여다가 이를 메워야 하는 상황에서는 당연한 일이었다. 그러나 전두환 시대에 들어오면서 달라지기 시작한다. 그동안의 수입억제 정책을 풀어야 한다는 주장이 점차 힘을 얻기 시작한 것이다.

집권 초기에는 경제가 워낙 어렵고 물가 잡는 일에 총력을 기울였던 터라서 수입개방 문제에 신경을 쓸 겨를이 없었다. 그러나 경제 회복과 함께 수출이 늘어남에 따라 미국 등이 개방 압력을 넣기 시작했다. 미국 시장에 한국 상품을 팔기만 할 게 아니라, 미국 상품도 한국에 들어올 수 있게 시장을 개방하라고 요구해 왔다. 한국경제가 그동안 많이 컸으니 더 이상 개도국 특혜를 요구하지 말라는 것이었다.

전두환은 수입개방에 대해 어떤 생각을 가지고 있었을까. 당시 사회분위기에 비해 그는 수입개방을 진취적으로 받아들였다. 정부에서는 청와대 경제수석 김재익을 비롯해 강경식, 이형구 등 주로 안정화 정책을 주도했던 관료들이 개방파였고, 서석준, 차수명 등 성장 정책을 주장했던 쪽이 무슨 소리냐며 강력히 반대하고 있었다. 전두환이 개방 정책 쪽에 더 귀를 기울였던 것은 전적으로 김재익의 경제교육 효과였다. 김재익은 '대외의존형 경제일 수밖에 없는 한국경제는 기본적으로 개방 정책을 펴야 나가야 한다.'는 점을 단단히 교육시켰던 것이다.

김재익이 대통령의 머릿속에 개방 정책의 큰 그림을 그려 넣었다면, 이를 정책으로 실천해 나간 선봉장은 재무부 장관 강경식이었다. 박정희 시대 말기, 수출지상주의에 반기를 들며 물가안정 최우선을 외쳤던 그가 이젠 개방 정책에 앞장선 것이다.

강경식은 저돌적으로 일을 벌였다. 국제수지가 여전히 적자를 면치 못하던 1983년 2월, 그는 KDI 보고서를 내세워 수입규제 대상을 과감히 줄이고 관세율도 대폭 내리겠다고 언론에 선전포고하였다. 이에 실물경제를 총괄하는 상공부 장관 김동휘는 산하 연구기관인 산업연구원을 동원해 "국제수지가 적자인 상황에서는 수입 개방을 서둘러서는 안 된다."라며 강경식의 주장을 정면으로 반박하였다.

정부 안에 때아닌 전쟁이 벌어졌다. 부처는 부처끼리, 산하 연구소는 연구소끼리 싸움이 붙었다. 그러자 경제기획원이 중재에 나서는 가운데 양쪽 부처 과장급 이상이 3일간 합숙을 하면서 대토론회를 벌였다. 결과에 상관없이 특정 정책을 주제로 정부 부처들이 이처럼 자유토론을 벌인 것은 처음이었다.

당시만 해도 수입개방에 반대하는 의견이 다수였다. 경제학자들도 그랬고, 국회의원들이나 언론의 논조도 반대가 절대 우세였다. 수입개방을 찬성하면 미국이나 일본의 앞잡이쯤으로 매도당하기 일쑤였다. 일찍이 수입개방을 주장했던 KDI의 양수길 박사는 이 분야의 전도사였다. 그는 수입이 늘어나야 수출도 늘어난다고 주장했고, 반대론자는 말도 안 되는 궤변이라고 매도했다. 농산물 개방 세미나에 참석한 개방론자들은 농민들로부터 똥바가지를 뒤집어쓰는 봉변을 당하는 해프닝도 벌어졌다.

그럼에도 수입개방 정책은 전두환 시대 내내 한걸음씩 전진했다. 개방에 대한 전두환의 기본 인식이 분명했고, 이에 따라 사람을 기용하는 것도 개방론자들을 일관되게 중용했다. 개방의 밑그림을 그렸던 김재익이 아웅산 참사로 숨짐에 따라 그 후임이 된 사공일 또한 확고한 개방론자였고, 대통령 주변에서 개방 정책을 꾸준히 주장했던 김기환도 수입규제의 본산인 상공부 차관으로 투입되어 큰 역할을 했다.

개방 정책이 운 좋게도 때를 만난 것은 3저 호황으로 국제수지가 흑자로 돌아섰다는 점이다. 막대한 흑자를 기록하면서, 이젠 싫어도 수입 증대 정책을 써야 하는 상황으로 세상이 달라졌다. 적자일 때부터 욕을 먹으면서 수입개방에 불을 지펴 온 개방론자들은 비로소 발을 뻗고 잘 수 있게 된 것이다. 그러나 수입을 죄악시하는 사회 인식은 쉽사리 달라지지 않았다. 양담배처럼 국민감정에 민감한 품목은 수입 규모에 관계없이 '개방 절대불가' 품목이었다. 1986년 경상수지가 흑자로 돌아설 무렵, 상공부 통상진흥국장 박운서는 해외에 파견된 대사들을 상대로 한 특강에서 "국산 담배만 피울 게 아니라 이젠 양담배도 수입해서 피워야 한다."라고 했다가 정보기관에서 밤샘 조사를 받는 봉변을 당해야 했다. "저런 한심한 국가관을 가진 관료는 당장 목을 쳐야 한다."라는 일부 대사의 주장이 정보기관에 전달되는 바람에 벌어진 어처구니없는 해프닝이었다.

탄압 일변도의 노동 정책

돌이켜 보면 전두환 시대의 경제 정책은 박정희 정권의

경제를 계승하면서도 잘못된 것을 고치고 업그레이드시킨 정책들이 많았다. 경제운영을 시장원리에 더 충실하게 했다든지, 금융 자율화를 더 촉진시켰다든지, 공기업들을 경쟁체제로 바꿨다든지, 공정거래제도를 처음 도입해서 재벌규제를 본격화했다든지, 정부의 만성적인 재정 적자를 청산했다든지, 수입 규제를 과감하게 텄다든지 등 여러 방면에서 한국경제가 지향해야 할 바람직한 방향으로 정책을 끌어갔다고 평가할 수 있다.

그러나 전두환 시대에 경제가 좋아졌다고 해서 잘했다고만은 할 수 없다. 물가안정에 성공한 치적은 높이 평가받아야 하지만, 그 과정에서 빚어졌던 부작용도 적지 않았다. 예산동결 같은 파격적인 조치로 정부의 씀씀이를 줄이고 재정을 건전화시킨 공로도 크지만, 그 바람에 정부가 마땅히 해야 할 일을 하지 않아 그 뒷감당을 다음 정부에게 넘긴 부정적 측면도 없지 않았다. 예컨대 세출예산 동결에 따라 항만이나 도로건설에 필요한 예산을 싹둑 잘라버리는 바람에 중요한 사회간접자본 투자를 할 수 없었다. 결국 부작용과 부담은 다음 정권이 뒤집어썼다. 도로나 항만시설의 건설을 소홀히 한 결과, 유통 비용이 크게 오르는 물류대란을 야기했던 것이다.

가장 잘못된 것은 노동 정책이었다. 다른 정책이 대부분

앞을 향해서 나아갔다면, 유독 노동 정책만은 뒷걸음질쳤다. 경제가 좋아지고 소득수준이 높아지면서 소홀했던 노동자 권익 보호에 대해 적극적인 정책을 펴는 게 당연한데도 불구하고 전두환 정권은 오히려 박정희 시대보다도 더 강압적인 정책을 폈던 것이다.

사실, 박정희 정권이 무너지자 사람들은 대부분 민주화 바람과 함께 노동계 또한 획기적인 변화가 있을 것으로 기대했었다. 그러나 정치판의 혼란과 마찬가지로 노동 분야 역시 사북사태를 비롯해 극심한 혼란을 야기했다.

이 같은 혼돈 상황에서 정권을 잡은 군부는 기본적으로 노동운동을 사회불안 요인으로 간주했다. 1979년 12·12사태 당시 노사분규가 한창 격렬했기 때문에 군부는 노동운동이 조직화되고 세력화하는 것에 대해 심한 거부감을 갖고 있었던 것이다. 따라서 노동조합은 정치적 경계 대상 내지는 탄압의 대상이었지, 경제발전에 따라 노동권을 향상시켜야 한다는 생각은 전혀 하지 않았다.

이 같은 배경 속에서 신군부는 시작부터 노동운동을 곱게 보지 않았다. 첫 조치는 1980년 8월 국가보위비상대책위원회(국보위)가 노동청을 통해 내린 '노동조합 정화조치'였다. 이 지침에 따라 전국 노총지부 107곳이 폐쇄됐고, 블랙리스트에 오른 노조간부 200여 명이 해고당했다.

개정된 노동법은 박정희 때보다 한 술 더 떴다. 제삼자 개입금지 조항이 생겨서 노총이나 산별노조조차 단위기업 노조의 활동에 일절 관여하지 못하게 되었다. 국영기업뿐 아니라 방위산업체까지도 쟁의 행위가 금지되었다.

물론 당시의 경제 상황이 매우 나빴고, 노동조합의 부패나 불법 시위 등이 도를 지나쳤던 것도 사실이다. 하지만 노동조합 결성 자체를 봉쇄하는 등의 강압적인 정책은 노동운동을 코너로 몰아넣어 지하화 현상을 초래했고, 이는 1980년대 초반부터 학생세력의 민주화 운동과 연대를 형성해 나갔다. 노동운동이 노동자들의 순수한 권익보호 차원을 넘어서 정치투쟁이나 이데올로기 투쟁 양상을 보이기 시작한 것이다.

하지만 전두환 시대의 노동정책을 꼭 정치적 탄압으로만 평가하는 것은 곤란하다. 당시는 물가안정을 지상과제로 삼았고, 이 과정에서 군부의 탄압뿐 아니라 정부 관료들도 인플레이션의 악순환 고리를 끊기 위해서는 강력한 임금 억제 정책을 펴야 한다고 생각했기 때문이다. 결국 임금 억제 정책이 물가 안정에는 기여했으나 다른 한편으로 노동운동을 억압했다는 점도 부인할 수 없다.

1985년, 물가가 안정되고 경제도 좋아지면서 정부 일각에서 "이제는 법을 고쳐 노동정책을 완화해야 한다."라는 주장이 제기되었으나 청와대의 검찰·군 출신 강경파들에 의해 번번이 묵살당했다. 갈수록 심각해지는 노동문제는 아무도 챙기지 않았다. 결국 그것들이 쌓이고 쌓이면서, 1987년 6·29선언 이후 엄청난 노사분규 사태가 일어나게 되었다.

비리로 퇴색한 경제치적

> "획기적으로 물가안정을 이룩하고 흑자 기조를 정착시켰으며,
> 1인당 GNP를 3,000달러 수준으로 끌어올렸고……"

1987년 12월 10일, '5공 치적평가회의'가 청와대에서 전두환 대통령 주재로 열렸다. 전두환 경제의 자축연이었다. 돌이켜 보면 누가 봐도 괄목할만한 성과였다. 재임 중에 오르기만 하던 국제 원윳값이 내렸으니 운도 좋았다. 하지만 전두환 정권이 준비와 활용을 잘했던 덕분이었다. 예산동결까지 해가면서 만성적인 인플레이션을 뿌리 뽑았고, 때를 맞춰서 적시에 투자를 늘리는 정책을 펴서 3저 호황의 결실을 충분히 수확할 수 있었던 것이다.

전두환은 경제 위주로 사람을 썼다. 스스로는 미래에 관한 통찰력이 미흡했다 해도, 각 분야의 전문가들을 폭넓게 기용하는 눈이 있었고, 믿고 맡기는 보스 기질이 있었다. 전

두환이 아니었으면 김재익 같은 이상주의자를 결코 성공적으로 활용하지 못했을 것이다. 집권 초기에 금융실명제 등을 둘러싸고 신군부의 실세였던 허화평, 허삼수 등이 여러 차례 그를 제거하려 했지만, 전두환은 오히려 그들을 내치고 김재익을 선택하기도 했다. 김재익 후임인 사공일도 전적으로 신임하고 맡겼다.

전두환의 용인술은 전임자 박정희를 보고 배웠으나 한결 단순했다. 경제 정책도 철저하게 경제수석 위주로 결정했다. 경제수석은 경제부총리 위의 '경제총리'나 다름없었다. 집권 전반기에는 김재익에게 의존했고, 종반 이후에는 후임 사공일이 중심 역할을 맡았다. 사공일은 3년 8개월이라는 재임 기간이 말하듯이 대통령으로부터 김재익 다음 가는 신임을 받았다.

경제 사령탑인 부총리 겸 경제기획원 장관도 경제상황에 따라 안정론자와 성장론자를 번갈아 기용했다. 초기에는 신병현 같은 철저한 안정론자를, 경기부양으로 선회할 필요가 있을 때는 김준성, 서석준 등을 기용했다. 개혁의 추진력이 절실할 때는 소신파 문희갑을 중용했고, 군 출신으로 신뢰가 깊은 안무혁은 5년간이나 국세청장에 앉혔다.

그는 정책의 일관성을 중요시했으며 그것에 준해서 인사를 단행했다. 경제를 최우선으로 했던 만큼, 경제부처 차관

보급 이상에 대해서는 직접 인사카드를 챙기면서 가부를 결정했다. 이런 점에서 박정희와 달랐다.

아무튼 전두환 정권의 경제성적표는 상당한 점수를 받아 마땅하다. 전두환 정권이 박정희로부터 물려받은 한국경제를 한 단계 끌어올렸음도 부인할 수 없다. 그럼에도 불구하고 전두환에 대한 평가는 여전히 인색하다. 박정희 평가에서도 유신독재의 폐해가 주요한 감점 요인으로 작용하지만, 전두환은 독재에 축재(蓄財)와 친인척 비리까지 더했기 때문이다.

박정희는 18년 동안 집권했으나 개인적인 축재가 문제 된 일이 없었다. 그는 실제로 검소했다. 부정한 방법을 동원해서 정치자금을 독재체제 유지비용으로 쓰긴 했어도 개인이 챙긴 돈은 없었다. 특히 친인척 비리에는 매우 엄격했다. 집안의 누구도 말썽을 빚은 일이 없었다. 그러나 전두환은 그렇지 못했다. 퇴임 후에 드러났듯이 본인의 축재가 수천억 원에 달했으니 대통령으로서의 도덕성이나 치적에 치명타를 입었던 것이다.

정부 예산 이외에 기업들로부터 소위 통치자금, 기업으로 말하자면 비자금을 염출해서 썼던 것은 박정희나 전두환이나 다를 바 없었다. 그러나 염출하는 방법이 달랐다. 박정희는 정치자금을 직접 받지 않고 공화당 또는 장관이나 측근들이 나서서 조달했으며, 필요할 때 필요한 만큼만 가져다

썼다. 박정희의 '봉투정치'가 리더십 노하우의 중요한 부분이었는데, 봉투 재원이 기업 호주머니가 아니고서야 어디서 나왔겠는가.

그러나 전두환은 달랐다. 박정희의 정치자금 조달 방식이 배달사고나 중간 착복 등 부패를 키웠다고 판단해 기업으로부터 일체의 정치자금을 자신이 직접 받았다. 여기서부터 문제가 생겼다. 기업 총수들이 돈을 들고 직접 청와대를 찾는 일이 시작된 것이다. 부패 대통령의 길을 자초한 셈이다. 후임 대통령 노태우도 그대로 배웠다.

더 기본적인 것은 대통령으로서 권력과 돈에 대한 기본적인 태도였다. 전두환은 대통령 퇴임 후에도 전직 대통령으로서 자신이 '상왕' 노릇을 할 것으로 여겼다. 권력과 돈을 계속 영위할 것으로 기대했고, 따라서 재임 중에 기업들로 받은 정치자금 중에 쓰고 남은 돈은 당연히 자신의 재산이라고 여겼던 것이다.

친인척 비리 또한 그의 치적을 깎아내렸다. 박정희의 엄격한 친인척 관리에 반해 전두환은 언론 통제 속에서도 친인척을 둘러싼 스캔들이 끊이지 않았다. 형제들을 비롯해 처가 식구들까지 갖가지 이권에 개입해서 말썽을 빚었다. 그런 면에서 전두환은 개념이 없는 사람이었다. 어렵게 살아 온 친인척들을 대통령이 좀 봐주는 것이 뭐 그리 흠이 되느냐는 생각이었다.

그는 어려움을 무릅쓰고 소신껏 정책을 펴나간 경제 대통령이었지만, 대통령으로서의 기본적인 도덕성에 씻을 수 없는 치명적 과오를 범했던 것이다.

한국경제 일지(1945~1987)

1945년

8월 해방
9월 미군정 시작
　　 맥아더 포고 제1호 "주민의 재산권을 보장한다."
10월 공정환율 1달러당 15원(미군정청이 대민간 채무지급에만 적용)
　　 쌀 및 생필품 자유거래 허용
　　 소작료 3.1제 실시 소작료의 3분의 1 이하로 규제
　　 융자허가제 실시(10만 원 이상 대출은 미군정청 사전 허가받
　　 도록)
11월 미군정청, 일제 말기의 세금제도를 그대로 사용토록 결정
　　 조선노조전국평의회 결성(좌파노동단체)
12월 모스크바 3상 회의
　　 반탁운동 확산
　　 브레턴우즈 협정 발효 IMF 및 IBRD 창설

1946년

1월 무역허가제 실시 일반인 해외여행 및 통신 규제
　　 쌀시장 자유거래 중단, 강제매수 제도로 환원
　　 남조선 국방경비대 창설
2월 미군정청, 신한공사 설립해 적산 귀속농지 관장
3월 북한 토지개혁
　　 대한독립촉성노동연맹 결성(우파노동단체)
6월 미군정청, 중앙식량행정처 및 중앙물가행정처 설치
11월 남조선노동당 결성

1947년

3월 마카오 통한 중계무역 시작

5월 미군정청, 50여 개 정당 사회단체 대상으로 일본인 귀속재산 불하 방안 여론조사
6월 조선환금은행 설립 군정청 직속기관으로 대외무역관련 업무 담당
7월 공정환율 1달러당 50원으로 인상
8월 홍콩 무역 본격화, 페니실린 등 수입, 텅스텐 등 수출
무역관계법령 정비 수출대금으로 받은 외화는 상품수입에만 사용토록

1948년

4월 제주 4·3사태
5월 남한 단독 선거
북한, 전기 공급 중단(5·14단전)
6월 남북 간 무역 중단
7월 자유매매환율제 실시(최초로 형성된 시장환율, 달러당 850원)
일본인 귀속재산 민간불하 대규모 실시
대한민국 헌법 제정
이승만 초대 대통령 선출
8월 대한민국정부 수립
첫 내각, 재무장관 김도연, 상공장관 임영신, 농림장관 조봉암, 사회장관 전진한
9월 반민족행위처벌법 공포
한미 정부 간 환율책정 잠정협정 달러당 450원
10월 반민특위구성
12월 '한미경제원조협정' 체결(미국의 마셜플랜에 의한 경제원조 제공에 따른 쌍무협정)

1949년

1월 미국으로부터 ECA원조 시작(첫해 1억 1,600만 달러)
2월 건국 이후 첫 국세조사 실시(세금제도 개선을 위한 기초조사)
5월 수출입허가품목 발표(수출 33개, 수입 30개 품목)

6월 김구 피살
7월 미군정 때 만들었던 세제를 개편(소득세에 포함됐던 법인세 독
립, 증여세 신설)
12월 국회, 귀속재산처리법 통과

1950년
1월 한미 간 상호방위원조협정 체결, 군사원조도입 시작
3월 농지개혁 실시(경자유전, 소유상한 3정보로 제한해서 유상몰수
유상분배)5월 총선 무소속 의원 대거 당선
6월 한국은행 설립(6월 12일)
6·25전쟁 발발
7월 주한미군 및 유엔군에 원화 대여
9월 긴급통화교환조치(북한 지폐와 일본강점기 구 통화 통용 근절 위해)
11월 중공군 6·25전쟁에 개입
대한석탄공사 발족
12월 유엔한국재건단(UNKRA) 설치

1951년
5월 귀속재산처리법에 따라 56개 국영 및 공영기업 지정
대한 중공업공사 등 41개 적산기업을 국영기업으로 지정
7월 휴전회담 시작
9월 재정법(국가재정회계의 기본법) 제정
10월 관민합동 국민소득조사 위원회 구성
11월 자유당 창당(총재 이승만)

1952년
5월 경제조정에 관한 협정(마이어 협정) 체결, 합동경제위원회 설치
부산 정치파동(계엄령 선포, 국회의원 구속)
7월 대통령 선거, 간선제를 직선제로 개헌

8월 이승만 제2대 대통령에 당선(직선제)
12월 네이산 협회의 '한국경제재건계획' 보고서 유엔제출

1953년

2월 긴급통화금융조치(제1차 통화개혁 100원을 1환으로)
3월 노동기본법 제정(단결권 단체교섭권 단체행동권 보장)
4월 미국, 타스카 사절단 파견, 한국경제부흥계획서 작성
7월 휴전협정 조인
8월 미국의 경제조정관실 서울에 설치
9월 UNKRA, 한국정부와 중소기업육성에 관한 협정 체결
10월 한미상호방위조약 체결
12월 '경제재건과 재정안정계획에 관한 합동경제위원회 협약'
     (일명 백우드 협정) 체결
     환율 인상, 1달러당 60환에서 180환으로

1954년

3월 대충자금 특별회계법 제정
4월 산업은행 발족
11월 사사오입 개헌(현직 대통령 3연임 가능케 한 개헌)
     귀속재산 처분에 사영화 범위 확대
     공정환율 1달러당 180환

1955년

5월 미국과 최초의 잉여농산물 도입협정 체결(1981년 5월 종결)
     충주 비료 공장 착공
     증권거래소 개장
     시발 자동차 생산(신진 공업사)
8월 환율 인상, 1달러당 180환에서 500환으로
     IMF 및 IBRD 가입

1956년

5월 농업은행 설립
    유류 및 유연탄 배정 중지 무연탄으로 전환
    미 RCA 한국지사가 최초의 텔레비전 방송국 개국

1957년

2월 농업협동조합 설립
4월 재정안정계획제도 시작(최초의 연차적 경제계획으로 분기별 점검)
6월 개각, 송인상 부흥부 장관 취임
    최초로 정부 차원 해외 연수 시작(EDI 연수)
9월 문경 시멘트 공장 완공
    인천 판유리 공장 완공

1958년

9월 송인상, 워싱턴 방문해 미국정부와 한국의 경제개발전략 본격 협의
12월 세제개편, 자동차세 신설

1959년

7월 조봉암 사형
    미국 원조 총괄기구인 USOM(주한경제협조처) 설립
9월 개각, 재무부장관 송인상 부흥부장관 신현확
11월 한국산 첫 전자제품, 진공관 라디오 생산(금성사)
12월 경제개발 3개년계획안 확정 자립경제체제 확립을 목표
    공무원연금법 국회 통과
    재일교포 북송 시작

1960년

1월 외자도입촉진법 제정(66. 8 폐지)

3월 3·15부정선거(4대 정·부통령 선거)
4월 제3차 5개년계획 국무회의에서 수정 채택(경제성장 5월 2% 목표)
　　4·19혁명
　　이승만 대통령 하야
　　허정 과도정부 출범
　　6월 내각책임제 개헌안 국회통과
7월 제5대 민참의원 국회의원 선거
8월 장면 정권, 내각 구성
9월 아이젠하워 미 대통령, "한국인 스스로 경제적 자립 못 하면 독립
　　국 못돼"
10월 김영선 재무장관, 미국에 '원조요청각서' 전달
　　(경제개발기금 4억 2,000만 달러 요청)
12월 대통령, 국무총리, 경제계 등 200여 명 참석한 종합경제회의
　　5일간 개최
　　지방자치 선거

1961년

1월 한국경제협의회(전국경제인연합회 전신) 발족
2월 환율인상, 1달러당 1,300원
　　한미경제협정 체결
3월 첫 정부 재계 연석회의
　　한, 독 기술원조 협정 체결(영월화력발전소 건설 계획, 최초의 민
　　자도입)
4월 충주 비료 공장 준공(원래는 1958년 준공 예정)
　　부정축재처리법 민의원 통과
5월 부흥부 '제1차 5개년계획 개요' 발표(5월 12일)
　　5·16쿠데타 발발
　　군사혁명위원회 포고령 모든 경제단체 활동 중단, 금융동결, 물
　　가동결
　　국가재건최고회의 발족(5. 20)
　　농어촌 고리채 정리

7월 경제기획원 창설
8월 중소기업은행 설립
9월 OECD(경제협력개발기구) 발족
10월 조달청 설립
11월 박정희 의장 방미, 미국에 한국군 베트남 파견 제안
　　　미국 및 유럽에 민간투자유치단 파견
　　　서독으로부터 1억, 5000만 마르크 차관도입 합의
12월 국토건설단 설치

1962년

1월 제1차 경제개발 5개년계획 발표(지도받은 자본주의 체제 지향)
　　　한국경제인협회, '종합공업지대 창설에 관한 제의서'를 최고회의
　　　에 제출
　　　이자제한법 제정
　　　새나라 자동차 설립(일본 닛산과 기술제휴)
2월 울산공업단지 기공
3월 농업 진흥청 설립
5월 증권 파동, 유창순 한국은행 총재 사퇴
6월 제2차 통화개혁 시행(10환을 1원으로)
　　　민간기업에 차관에 대한 정부지급보증제도 도입
　　　중앙정보부법 공포
　　　대한무역진흥공사(KOTRA) 설립
7월 예금동결 해제
8월 첫 IBRD차관 1,400만 달러(철도차량 구입)
12월 브라질 이민 개시
　　　대통령 중심제로 헌법개정

1963년

2월 민주공화당 창당
7월 생필품 품귀 가격급등 현상 종합물가대책 추진

10월 박정희 대통령 당선(15만 표 차이)
11월 케네디 미 대통령 암살
12월 서독 광부 파견
　　　박정희 5대 대통령 취임(12. 17)
　　　최두선 총리 '방탄내각' 출범

1964년

2월 제1차 경제개발 5개년계획 수정안 확정
　　　(연평균 성장률 7.1%를 5%로 하향)
3월 야권, 대일 굴욕외교반대 범국민투쟁위원회 조직
5월 환율인상, 1달러당 130원에서 255원으로(3년 3개월 만에)
　　　개각, 정일권 국무총리의 '돌격내각' 출범
　　　장기영 부총리겸 경제기획원장관에 취임 외자도입 강력 추진
6월 6 · 3사태
9월 한국군, 베트남 파병 시작
10월 박정희 대통령, '수출 제일주의'를 제창
11월 서독 간호사 파견
12월 박정희 대통령 서독 방문
　　　수출 1억 달러 달성, 수출의 날 제정
　　　물가(도매기준) 상승률 36% 기록
　　　한국전력, 제한송전 전면 해제

1965년

1월 대통령 주재 수출진흥회의 시작, 월간경제동향보고 본격화
　　　베트남 파병 동의안 국회 통과
3월 단일변동환율제 실시(환율통제 간접방식으로 전환)
6월 한일국교 정상화 협정 타결(해방 후 20년 만에)
　　　삼천리 자전거, 첫 국산 자전거 해외 수출
7월 언론윤리법 제정
9월 금리 현실화, 예금금리 30%, 대출금리 24~26%로 역금리제 채택

IMF 대기성차관 도입 시작(1987년까지 모두 26억 달러 사용)

1966년

3월 국세청, 수산청 설립
　　　대일 청구권 보상안 확정
7월 제2차 경제개발 5개년계획 발표
8월 외자도입법 제정(외국투자비율 및 과실송금 제한 철폐)
　　　IECOK(대한국제차관단) 발족
　　　한일경제각료간담회
9월 한국비료 밀수사건
10월 한국과학기술연구소(KIST) 설립
12월 무연탄 파동
　　　세금징수 700억 원 돌파(66년 세수 421억 원)

1967년

1월 외환은행 발족
4월 GATT 가입
　　　박정희 대통령, 경부고속도로 건설 계획을 대통령 선거공약으로
　　　발표
　　　한국비료 준공
　　　소양강 댐 건설 착공
6월 외국은행 국내지점 개설
7월 주택은행 설립
8월 제1차 한일각료회담 도쿄에서 개최 추가로 2억 달러 차관 받기로
10월 장기영 부총리 경질, 후임에 박충훈
　　　남한 인구 3,000만 명 돌파
12월 전력 부족으로 제한 송전 실시
　　　현대 자동차 설립

1968년

1월 "올해는 건설의 해"(대통령 신년사)

　　북한 무장 게릴라 31명 청와대 습격(1 · 21사태)

　　미국 정보수집함 푸에블로호 북한에 피랍(1. 23)

2월 경부고속도로 건설 착공

4월 250만 향토예비군 창설, "일하며 싸우고, 싸우며 일하자."

9월 제2경제운동 제창(경제 지속성장 위해서는 정신혁명 함께해야)

10월 주민등록제도 실시

11월 자본시장 육성법 제정

　　울진, 삼척 지역에 북한 무장 게릴라 1백여 명 침투

1969년

1월 "싸우면서 건설하자."를 국정지표로(대통령 신년사)

　　쌀 소비절약을 위해 음식점 밥에 25% 이상 잡곡 사용 의무화

　　삼성전자 설립

2월 차관업체 147개 중 30개 부실기업 정리(장덕진 제3경제수석 주관)

　　한국도로공사 설립

3월 가정의례준칙 제정

4월 미 해군 정찰기 EC-121 북한에 피격

6월 김학렬 부총리겸 경제기획원 장관 취임

7월 수출입은행 설립

8월 박정희 닉슨 정상회담, 주한미군 계속 주둔 재천명

9월 3선 개헌안 통과

10월 김정렴 대통령 비서실장, 남덕우 재무장관 취임

　　수출자유지역 설치

11월 김학렬 부총리, KIST에 방위산업 공장건설 타당성 검토 지시

12월 포항제철 건설자금조달 기본협약에 일본과 합의 서명

　　(청구권 자금 7,370만 달러, 수출입은행 차관 5,000만 달러 등)

1970년

2월 닉슨 독트린 선언(주한미군 감축 시사)

정인숙 사건

4월 와우아파트 붕괴

포항제철 착공

호남고속도로(대전~전주) 착공

상공부 전자공업단지 조성 계획 발표

6월 동작동 국군묘지 현충문 폭파 사건

박정희 대통령, 미군 철수 관련해 병기생산 공장 건설을 김학렬 부총리에 지시

7월 미국, 주한미군 2만 명 철수계획 한국정부에 통보

방위산업 육성 위한 4대 핵심공장 건설계획 수립

경부고속도로개통(7. 7)

11월 전태일 분신

수출 목표 10억 달러 달성

12월 호남고속도로 개통

1971년

3월 미군 제7사단 철군

KDI(한국개발연구원) 설립

고리원자력발전소 착공

4월 지하철 1호선 착공

제7대 대통령 선거, 박정희가 김대중에 90만 표 차이로 당선

6월 김종필 국무총리 취임

미국, 대 중국 무역금지 조치 해제

환율 달러당 370원 80전

8월 린벨트 서울 근교에 첫 지정

달러긴급방위조치(달러화 평가절하); 미국 경제 악화 반영

실미도 사건

10월 서울 일원에 위수령 발동, 10개 대학에 군대 진주

11월 오원철 제2경제수석 취임, 방위산업 육성 전담

유엔총회, 대만을 축출하고 중국의 가입을 결정

12월 국가비상사태 선포

청와대에서 첫 국산병기 전시회

1972년

2월 닉슨 미 대통령, 중국 방문

5월 이후락 중앙정보부장, 평양 극비 방문

박성철 북한 제2부수상 서울 극비 방문

7월 7·4공동선언 남북한 동시 발표

8월 8·3긴급조치 사채동결 및 단자회사 신용금고 설립 등 사금융 양성화

9월 일본 중국, 국교정상화

10월 유신체제 출범, 국회해산 및 정치활동 금지

9개 석유화학공장 준공(울산 석유화학공업단지)

12월 통일주체국민회의가 8대 대통령(박정희)을 선출

기업공개촉진법 제정

1973년

1월 대통령 연두회견에서 중화학공업 육성 선언

3월 베트남 주둔 한국군 완전 철수

5월 중화학공업추진 기획단 출범

6월 삼환기업 한국건설업체로 첫 중동 진출(2,427만 달러 공사 수주)

7월 포항제철 준공

8월 김대중 일본에서 피랍

김용환 경제 제1수석에 기용

9월 동·서독 유엔 동시 가입

10월 소양강 댐 준공

제1차 석유파동 시작

12월 국민투자기금 설치(중화학공업 육성 전용 기금)

산업기지개발촉진법 제정(창원·여천·구미·포항 등 8개 산업기지 건설)

1974년

1월 1·14조치 국민 생활 안정을 위한 대통령 긴급조치 발동(세금경감 등)

5월 아산방조제, 남양방조제 준공
팔당댐 준공
5·29 대통령 특별지시(기업공개 강력 촉구)

6월 울산 현대조선소 준공

7월 종업원지주제도 확대 실시
재무부, 부가가치세 시찰단 유럽 파견

8월 영부인 육영수 여사 저격 사망
서울 지하철 1호선 개통

11월 북한 제1 땅굴 발견

12월 동아일보 백지광고 사태 시작

1975년

2월 유신헌법 찬반 국민투표

3월 북한 제2 땅굴 발견

4월 베트남 패망
종합무역상사제도 실시
박정희 대통령 행정수도 건설 지시(북한 미사일 공격 대비한 안전지역)

7월 방위세 신설

10월 영동고속도로 개통

12월 해외건설촉진법 제정(20개 업체 선정, 은행지급보증으로 정부 지원)
중동경제협력위원회 설치(총리 직속)

1976년

1월 중동문제연구소 설립(건설업 중동 진출 붐)

2월 현대건설, 주베일 항만공사 수주(9억 3,000만 달러)

　　 한국자동차 첫 고유모델 '포니' 시판

5월 첫 반상회

6월 하반기 경제성장률 상향 조정

7월 한강 잠수교 개통

8월 판문점 도끼 만행 사건

9월 중국 마오쩌둥 사망

11월 카터 미국 대통령 당선

12월 성장률 14.3%, 국제수지 1,200만 달러 흑자 기록

1977년

1월 박정희 대통령 무기 국산화 천명 "핵무기와 전투기 제외한 모든 무기국산화"

　　 박정희 대통령, 새 수도 건설 구상 공식 표명

5월 카터 미 대통령 미국 철군 계획 한국 측에 통보

6월 원자력 발전 개시(최초의 원자력 발전기인 고리 1호 점화)

7월 부가가치세제 실시

　　 특별소비세 시행

　　 의료보험제도 실시

　　 임시행정수도 건설을 위한 특별조치법 공포

8월 남해화학 여수공장(제7비료) 준공

10월 전자교환기 다원화 체제 시작 경제기획원, 삼성전자와 미 GE 합작 투자 인가

12월 통일벼 풍작으로 14년 만에 쌀막걸리 제조 허용

　　 수출 100억 달러 달성

1978년

1월 영화배우 최은희 납북

6월 정신문화연구원 개원
7월 통일주체국민회의 박정희 제9대 대통령 선출(99% 찬성)
8월 부동산 투기 억제 및 지가 안정을 위한 종합대책 발표(8·8조치)
9월 첫 국산 지대지 미사일 공개 시험 발사
12월 총선에서 여당이 총득표에서 패배,
　　　개각 김정렴·남덕우·김용환 물러나고, 신현확 부총리 취임
　　　제2차 석유파동 시작

1979년

1월 미국 중국과 30년 만에 국교수립, 대만과는 단교
4월 안정화 시책 발표
5월 제1차 중화학투자조정 착수(현대양행 엔진공장 건설 백지화 등)
8월 YH노동조합 진압사태
10월 부마사태, 부산지역 비상계엄 선포
　　　삽교천 방조제 준공
　　　박정희 대통령 시해사건
　　　국무총리 최규하 대통령 권한 대행
　　　긴급 경제장관회의 쌀·연탄 무제한 공급
12월 최규하 대통령 과도 정부 출범, 신현확 총리 임명
　　　12·12사태(전두환 보안사령관, 정승화 계엄사령관 체포)
　　　최규하 10대 대통령 취임
　　　개각 부총리 겸 경제기획원장관에 이한빈

1980년

1월 환율 및 금리 대폭 인상
　　　환율 달러당 484원에서 580원, 금리 18.6%에서 24%로
　　　유가 59.4% 인상(1·12조치)
2월 상반기 중 중화학공업에 2,000억 원 특별지원 조치
3월 최규하 대통령 지시로 헌법개정심의회의 발족, 헌법 개정작업 착수
　　　환율제도 복수통화 바스켓 제도로 변경

4월 사북사태 발생
5월 5·18광주민주화운동 발발
6월 동명목재 부도
8월 중화학투자조정, 자동차·발전설비 일원화
8월 최규하 대통령 사임
9월 전두환 11대 대통령 취임(통일주체국민회의에서 선출)
     남덕우 총리, 신병현 부총리, 이승윤 재무장관, 박봉환 동자장관,
     김재익 경제수석
     부정축재환수금 350억 원 농어촌후계자육성자금에 쓰도록 결정
     주택 500만 호 건립 계획 발표
     외국인투자 유치방안 발표(100% 투자도 허용 시작)
10월 2차 중화학공업투자조성
      7년 단임 간선제(선거인단 선거)를 골자로 하는 8차 개헌 확정
11월 화신그룹 부도
12월 컬러텔레비전 방영시작

1981년

1월 민주자유당 창당
     대흉작(노풍 피해), 외국쌀 933만 섬 12개국으로부터 도입 계약
     1년 3개월 만에 계엄령 해제
2월 전두환 12대 대통령 취임(선거인단 선거)
     중동계 은행과 합작 추진
3월 건설부 주택건설 200만 호(82~86년) 목표를 146만 호로 축소
     조정
     11대 총선
5월 공정거래위원회 발족
6월 주택경기활성화 대책, 양도소득세 완화 서민주택공급 확대 등
     회사채 금리 유동화
7월 제5차 경제개발 5개년계획(82~86년) 확정 발표
10월 서울올림픽 개최 확정
      기술진흥확대회의 신설

11월 중화학업체 원리금 1,681억 원 상환유예
12월 쌀 통계 현실화
　　　수출 200억 달러 돌파
　　　인구증가억제대책 발표(3번째 자녀부터 의료보험 혜택 배제)

1982년

1월 교육세 시행
　　　개각 총리 유창순, 부총리 김준성, 재무 나웅배
　　　영점기준 예산편성 방식 도입
3월 국제 유가 20% 하락
　　　공무원 봉급 동결
5월 주가 폭락 이철희 장영자 구속
　　　전두환 대통령 처삼촌 이규광 구속
6월 김상기 사건 은행차장이 예금 86억 원 유용, 자살
　　　개각 재무장관에 강경식 등
　　　금리 4% 인하 법인세율 20%로 인하
7월 실명제 실시계획 발표

1983년

1월 단자회사 12개사 신설 허가
　　　한일 경제협력차관 40억 달러 합의
2월 유가 인하, 휘발유 10~16%
　　　복합영농 추진(축산농가 육성)
3월 첫 합작은행 한미은행 개업
4월 삼보증권, 동양증권 합병
5월 아파트 분양에 채권입찰제 도입
7월 서석준 부총리 겸 경제기획원 장관 취임
　　　남한인구 4,000만 명 돌파
8월 삼성반도체 64KD램 개발
　　　김철호 명성 회장, 김동겸 상업은행 대리 구속

9월 대한항공 여객기 소련 영공에서 격추
      영동진흥개발 은행지급보증 위조사건
10월 아웅산 참사·서석준 부총리, 김재익 경제수석 등 17명 사망
      신병현 부총리, 김만제 재무장관, 금진호 상공장관, 사공일 경제
      수석취임
11월 대구 광명그룹 도산
      동아건설, 리비아에서 33억 달러 규모 배수로 공사 수주

1984년

2월 이란·이라크 전쟁으로 한국인 근로자 철수
      새세대심장재단 발족
3월 충남 서산방조제 축조공사 준공
4월 국민주택규모 이상 채권입찰제 실시
5월 해운회사 63개를 17개로 통폐합
6월 향락산업대책 위원회 개최
7월 투자이민 30만 달러까지 허용
      경남기업 대우 위탁경영
      금융단협정 일괄폐지
9월 미 상무부, 한국산 텔레비전 덤핑마진율 52.5% 판정
11월 남북경제회담 판문점에서 개최
      토지거래신고 및 허가제 최초 발동

1985년

2월 2·12총선
      국제그룹 해체
4월 대우자동차 부평공장 파업
5월 중부고속도로 착공
      양도소득세 누진제로 개편
      서울 가락동 농수산물시장 개장
11월 국내기업 해외증권 발행 허용

1986년

1월 개각 부총리 겸 경제기획원장관 김만제, 재무장관 정인용, 금융
　　감독원장 이원조
　　현대 포니·엑셀 미국 수출
2월 국제 유가 15달러 선으로 폭락
　　국내 유가 연속 인하
4월 주가 폭등
5월 부실기업 정리 개시
　　중소기업창업지원법 제정
7월 상반기 경상수지 6억 달러 흑자 기록
8월 미국 환율 절상요구 시작
9월 삼성반도체 256KD 램 개발
　　호남고속도로 4차선 개통
12월 최저임금법 제정

1987년

1월 박종철 고문사건
2월 미국, 한국정부에 원화절상 촉구
4월 전매청을 한국전매공사로 개편
　　5차에 걸친 57개 부실기업 정리 완료
　　범양 박건석 회장 투신자살
5월 포철 광양제철소 1기 준공
　　개각 부총리 정인용, 재무장관 사공일, 박영철 경제수석
　　승용차 등 150개 품목 수입자유화
6월 6·10항쟁
　　6·29선언
7월 외환거래 자유화방안 발표
　　경제5단체장 정부간섭 축소촉구
8월 금융노조 한은독립 촉구
9월 현대 근로자 시청 방화
12월 '수출의 날'을 '무역의 날'로 변경

국민주 보급계획 마련
중부고속도로 개통
노태우 대통령 당선

주요 경제지표(1945~1987)

년도	GDP 성장률 (불변, %)	1인당 GDP (달러, 경상)	GDP (억 달러, 경상)
1953	–	–	13
1954	5.6	–	14
1955	4.5	–	14
1956	−1.3	–	14
1957	7.6	–	17
1958	5.5	–	19
1959	3.9	–	19
1960	1.2	80	20
1961	5.9	82	21
1962	2.1	87	23
1963	9.1	99	27
1964	9.7	104	29
1965	5.7	105	30
1966	12.2	122	36
1967	5.9	139	42
1968	11.3	169	52
1969	13.8	206	65
1970	8.8	242	78
1971	10.4	289	95
1972	6.5	322	108
1973	14.8	405	138
1974	9.4	559	194
1975	7.3	612	216
1976	13.5	831	298
1977	11.8	1,049	382
1978	10.3	1,447	535
1979	8.4	1,705	640
1980	−1.9	1,687	643
1981	7.4	1,870	724
1982	8.3	1,971	775
1983	12.2	2,152	859
1984	9.9	2,349	949
1985	7.5	2,411	984
1986	12.2	2,759	1,137
1987	12.3	3,445	1,434

년도	소비자물가 변화율 (%)	경상수지 (백만 달러)	무역수지 (백만 달러)
1953	64.3	−33	−85
1954	48	−36	−102
1955	26.9	−23	−117
1956	40.4	−3	−323
1957	−2.2	38	−361
1958	3.4	16	−420
1959	8	13	−362
1960	5.3	33	−284
1961	3.7	−56	−311
1962	16.7	−143	−275
1963	26.6	−26	−367
1964	19.8	9	−473
1965	10.2	−103	−285
1966	12	−192	−288
1967	10.7	−440	−466
1968	11.3	−549	−676
1969	11.6	−623	−1,008
1970	16.9	−848	−1,201
1971	12.2	−371	−1,149
1972	11.9	−309	−1,326
1973	3.5	−2,023	−898
1974	24.8	−1,887	−1,015
1975	24.7	−314	−2,392
1976	15.4	12	−2,193
1977	10	−1,085	−1,059
1978	14.7	−4,151	−765
1979	18.5	−5,321	−2,261
1980	28.7	−5,071	−5,284
1981	21.3	−3,927	−4,787
1982	7.1	−2,134	−2,398
1983	3.4	−1,428	−1,747
1984	2.2	−386	−1,386
1985	2.3	−1,513	−853
1986	2.8	4,492	3,130
1987	3.1	10,779	6,261

연도별 경제성장률표 ⌐──

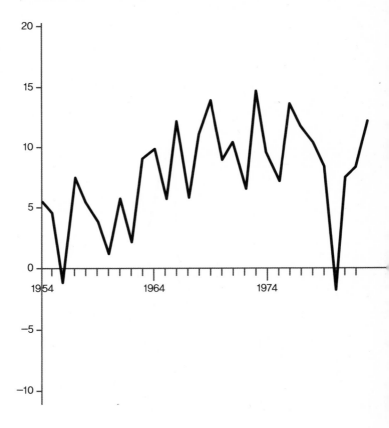

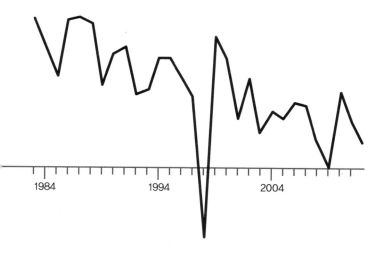

1984　　　　　　　1994　　　　　　　2004

참고문헌 ┌──

강경식, 『정부가 해야 할 일과 하지 말아야 할 일』, 김영사, 2010.

강만수, 『현장에서 본 한국경제 30년』, 삼성경제연구소, 2005.

국정브리핑특별기획팀, 『노무현과 참여정부 경제5년』, 한스미디어, 2008.

국토해양부, 『국책사업 갈등사례 분석치 및 시사점』, 2011.

그렉 브라진스키, 『대한민국 만들기』, 책과함께, 2007.

김대중, 『김대중 자서전1, 2』, 삼인, 2010.

_____, 『대중경제론』, 청사, 1986.

_____, 『대중참여경제론』, 산하, 1997.

_____, 『대중경제 100문 100답』, 1971.

김영삼, 『김영삼 대통령 회고록 상, 하』, 조선일보사, 2011.

김용환, 『임자, 자네가 사령관 아닌가』, 매일경제신문사, 2002.

김일영, 『건국과 부국』, 기파랑, 2010.

김입삼, 『초근목피에서 선진국으로의 증언』, 한국경제신문, 2003.

김정렴, 『한국경제정책 30년사』, 중앙경제신문, 1990.

김충남, 『대통령과 국가경영』, 서울대출판부, 2006.

김형아, 『박정희의 양날의 선택』, 일조각, 2005.

김호진, 『한국의 대통령과 리더십』, 청림출판, 2010.

김흥기 외, 『영욕의 한국경제』, 매일경제신문사, 1999.

남덕우, 『경제개발의 길목에서』, 삼성경제연구소, 2009.

남성일 외, 『한국의 노동 어떻게 할 것인가』, 서강대출판부, 2007.

노무현, 『성공과 좌절』, 학고재, 2009.

노사정위원회, 『노사정위원회 10년사』, 노사정위원회, 2008.

노태우, 『노태우 회고록』, 조선프레스, 2011.

매일경제 경제부·정치부, 『MB노믹스』, 매일경제신문사, 2008.

문재인, 『문재인의 운명』, 가교, 2011.

『민주노총충격보고서』, 뉴라이트 전국연합, 2009.

박진·채종헌 편, 『갈등조정, 그 소통의 미학』, 굿인포메이션, 2006.

백두진, 『백두진 회고록』, 대한공론사, 1975.

전영재, 『건국 50년, 한국경제의 역정과 과정』, 삼성경제연구소, 1998.

송인상, 『부흥과 성장』, 21세기북스, 1994.

유시민, 『운명이다』, 돌베개, 2010.

유영익, 『이승만 대통령 재평가』, 연세대출판부, 2006.

이대근, 『해방이후, 1950년대 경제』, 삼성경제연구소, 2002.,

_____, 『새로운 한국경제발전사』, 나남, 2005.

이완범, 『박정희와 한강의 기적』, 선인, 2006.

이임광, 『어둠 속에서도 한걸음을』, KMA, 2012.

이장규, 『경제는 당신이 대통령이야』, 개정증보판, 올림, 2008.

_____, 『경제가 민주화를 만났을 때』, 개정증보판, 올림, 2011.

_____, 『한국경제 설 땅이 없다』, 중앙일보사, 1993.

이진, 『참여정부, 절반의 비망록』, 개마고원, 2005.

이헌창, 『한국경제통사(5판)』, 해남, 2012.

임영태, 『대한민국사』, 들녘, 2008.

재경회 예우회, 『한국의 재정 60년』, 매일경제신문사, 2011.

정인영 외, 『홍릉숲의 경제브레인들』, 한국개발연구원, 2002.

조동성 외, 『한국자본주의의 개척자들』, 월간조선사, 2003.

좌승희, 『이야기 한국경제』, 일월담, 2010.

지동욱, 『대한민국재벌』, 삼각형비즈, 2006.

최동규, 『성장시대의 정부』, 한국경제신문사, 1991.

최종고, 『우남 이승만』, 청아출판사, 2011.

통계청, 『광복 이후 50년간의 경제일지』, 1995.

한국개발연구원, 『경제민주화의 기본구상』, 1988.

한국개발연구원, 『한국경제 반세기, 정책자료집』, 1995.

한국노동연구원, 『한국의 노동법 개정과 노사관계』, 2000.

한국은행 조사부, 『한국은행 40년사』, 1990.

_____, 『금융실명제 3년의 성과와 과제』, 재정경제원, 1996.

한국은행, 『조선경제연보(1948년 판)』, 한국은행조사부, 1948.

함성득 편, 『김영삼 정부의 성공과 실패』, 나남, 2001.

홍순영 외, 『한국경제 20년의 재조명』, 삼성경제연구소, 2006.

황병태, 『박정희 패러다임』, 조선뉴스프레스, 2011.

대한민국 대통령들의 한국경제 이야기1

– 이승만 대통령부터 전두환 대통령까지 산업화 40년

펴낸날	**초판 1쇄 2014년 6월 1일**
	초판 4쇄 2018년 3월 30일

지은이	**이장규**
펴낸이	**심만수**
펴낸곳	**(주)살림출판사**
출판등록	**1989년 11월 1일 제9-210호**

주소	**경기도 파주시 광인사길 30**
전화	**031-955-1350** 팩스 **031-624-1356**
홈페이지	http://www.sallimbooks.com
이메일	book@sallimbooks.com

ISBN	978-89-522-2890-1 04080
	978-89-522-0096-9 04080(세트)

※ 값은 뒤표지에 있습니다.
※ 잘못 만들어진 책은 구입하신 서점에서 바꾸어 드립니다.

이 도서의 국립중앙도서관 출판시도서목록(CIP)은 서지정보유통지원시스템 홈페이지
(http://seoji.nl.go.kr)와 국가자료공동목록시스템(http://www.nl.go.kr/kolisnet)에서
이용하실 수 있습니다.(CIP제어번호: CIP2014015973)

089 커피 이야기

eBook

김성윤(조선일보 기자)

커피는 일상을 영위하는 데 꼭 필요한 현대인의 생필품이 되어 버렸다. 중독성 있는 향, 마실수록 감미로운 쓴맛, 각성효과, 마음의 평화까지 제공하는 커피. 이 책에서 저자는 커피의 발견에 얽힌 이야기를 통해 그 기원을 설명한다. 커피의 문화사뿐만 아니라 커피에 대한 일반적인 정보 및 오해에 대해서도 쉽고 재미있게 소개한다.

021 색채의 상징, 색채의 심리

박영수(테마역사문화연구원 원장)

색채의 상징을 과학적으로 설명한 책. 색채의 이면에 숨어 있는 과학적 원리를 깨우쳐 주고 색채가 인간의 심리에 어떤 작용을 하는지를 여러 가지 분야의 사례를 통해 설명한다. 저자는 색에는 나름대로의 독특한 상징이 숨어 있으며, 성격에 따라 선호하는 색채도 다르다고 말한다.

001 미국의 좌파와 우파

eBook

이주영(건국대 사학과 명예교수)

진보와 보수 세력의 변천사를 통해 미국의 정치와 사회 그리고 문화가 어떻게 형성되고 변해왔는지를 추적한 책. 건국 초기의 자유방임주의가 경제위기의 상황에서 진보-좌파 세력의 득세로 이어진 과정, 민주당과 공화당의 대립과 갈등, '제2의 미국혁명'으로 일컬어지는 극우파의 성장 배경 등이 자연스럽게 서술된다.

002 미국의 정체성 10가지 코드로 미국을 말하다   eBook

김형인(한국외대 연구교수)

개인주의, 자유의 예찬, 평등주의, 법치주의, 다문화주의, 청교도 정신, 개척 정신, 실용주의, 과학 · 기술에 대한 신뢰, 미래지향성과 직설적 표현 등 10가지 코드를 통해 미국인의 정체성과 신념을 추적한 책. 미국인의 가치관과 정신이 어떠한 과정을 통해서 형성되고 변천되어 왔는지를 보여 준다.

058 중국의 문화코드

강진석(한국외대 연구교수)

중국의 핵심적인 문화코드를 통해 중국인의 과거와 현재, 문명의 형성 배경과 다양한 문화 양상을 조명한 책. 이 책은 중국인의 대표적인 기질이 어떠한 역사적 맥락에서 형성되었는지 주목한다. 또한, 구체적이고 실제적인 여러 사물과 사례를 중심으로 중국인의 사유방식에 대해 설명해 주고 있다.

057 중국의 정체성　　eBook

강준영(한국외대 중국어과 교수)

중국, 중국인을 우리는 과연 어떻게 이해해야 하나? 우리 겨레의 역사와 직 · 간접적으로 끊임없이 영향을 주고받은 중국, 그러면서도 아직까지 그들의 속내를 자신 있게 말할 수 없는, 한편으로는 신비롭고, 한편으로는 종잡을 수 없는 중국인에 대한 정체성을 명쾌하게 정리한 책.

015 오리엔탈리즘의 역사　　eBook

정진농(부산대 영문과 교수)

동양인에 대한 서양인의 오만한 사고와 의식에 준엄한 항의를 했던 에드워드 사이드의 오리엔탈리즘. 이 책은 에드워드 사이드의 이론 해설에 머무르지 않고 진정한 오리엔탈리즘의 출발점과 그 과정, 그리고 현재와 미래의 조망까지 아우른다. 또한 오리엔탈리즘이 사이드가 발굴해 낸 새로운 개념이 결코 아님을 역설한다.

186 일본의 정체성　　eBook

김필동(세명대 일어일문학과 교수)

일본인의 의식세계와 오늘의 일본을 만든 정신과 문화 등을 소개한 책. 일본인을 지배하는 이데올로기는 무엇이고 어떤 특징을 가지는지, 일본을 주목해야 하는 이유는 무엇인지 등이 서술된다. 일본인 행동양식의 특징과 토착적인 사상, 일본사회의 문화적 전통의 실체에 대한 분석을 통해 일본의 정체성을 체계적으로 살펴보고 있다.

사회·문화

261 노블레스 오블리주 세상을 비추는 기부의 역사

예종석(한양대 경영학과 교수)

프랑스어로 '높은 사회적 신분에 상응하는 도덕적 의무'를 뜻하는 노블레스 오블리주. 고대 그리스부터 현대까지 이어지고 있는 노블레스 오블리주의 역사 및 미국과 우리나라의 기부 문화를 살펴보고, 새로운 시대정신으로 노블레스 오블리주를 부활시킬 수 있는 가능성을 모색해 본다.

396 치명적인 금융위기, 왜 유독 대한민국인가 `eBook`

오형규(한국경제신문 논설위원)

이 책은 전 세계적인 금융 리스크의 증가 현상을 살펴보는 동시에 유달리 위기에 취약한 대한민국 경제의 문제를 진단한다. 금융안정망 구축 방안과 같은 실용적인 경제정책에서부터 개개인이 기억해야 할 대비법까지 제시해 주는 이 책을 통해 현대사회의 뉴노멀이 되어 버린 금융위기에서 살아남는 방법을 확인해 보자.

400 불안사회 대한민국, 복지가 해답인가 `eBook`

신광영(중앙대 사회학과 교수)

대한민국 사회의 미래를 위해서 복지는 선택이 아니라 필수라고 말하는 책. 이를 위해 경제 위기, 사회해체, 저출산 고령화, 공동체 붕괴 등 불안사회 대한민국이 안고 있는 수많은 리스크를 진단한다. 저자는 사회적 위험에 대응하기 위한 복지 제도야말로 국민 모두의 삶의 질을 높일 수 있는 길이라는 것을 역설한다.

380 기후변화 이야기 `eBook`

이유진(녹색연합 기후에너지 정책위원)

이 책은 기후변화라는 위기의 시대를 살면서 우리가 알아야 할 기본지식을 소개한다. 저자는 기후변화와 관련된 핵심 쟁점들을 모두 정리하는 동시에 우리가 행동해야 할 실천적인 대안을 제시한다. 이를 통해 독자들은 기후변화 시대를 사는 우리가 무엇을 해야 할 것인지에 대하여 생각해 볼 수 있을 것이다.

eBook 표시가 되어있는 도서는 전자책으로 구매가 가능합니다.

㈜**살림출판**

www.sallimbooks.com
주소 경기도 파주시 문발동 522-1 | 전화 031-955-1350 | 팩스 031-955-1355